U0053128

越南史

Vietnam

堅毅不屈的半島之龍

鄭永常——著

三民書局

推薦序

臺灣國內社會大眾對越南的直覺第一印象，大多是臺灣的東南亞婚嫁移民、長短期移工，分布於街巷、夜市的越南美食等當代經驗。對越南歷史的了解，則不脫曾為中國的領地、藩屬，或是法屬印度支那，以及冷戰時期簡稱越戰的越南戰爭（按：越南稱之為「對美抗戰（Kháng chiến chống Mỹ)」）等概念。另一方面，國人對「歷史」的認知，往往也影響了對「文化」的解釋與想像。像是儒、釋、觀音，以及法式麵包、教堂等宗教民俗、特色飲食、公共建築，即成為我們心目中的「越南」。

其實，從臺灣的角度或是關聯性來看越南，同樣位於東亞大陸中國的邊陲地帶，也同樣是緊鄰南（中國）海（按：越南稱為「東海（Biển Đông)」），歷史上臺灣、越南二地曾有一些共時的關聯現象，值得我們玩味、思索。以十七世紀海洋視野下的交流為例，我們看到了當時以臺南安平為據點的荷蘭人，曾拆卸原本安置於臺灣城寨上的火砲，轉運至昇龍 (Thăng Long) 城（按：今日的河內），作為外交禮物贈與當時統治北越的鄭主；當時荷蘭東印度公司的武力在臺灣東征西討時，來自今日中越一帶的廣南人 (Quinamese)，曾以奴工的身分，與爪哇人、福建唐人一同負責東印度公司武裝部隊，以及加盟公司的南島語族部落武士的輜重。其足跡遍及今日的花東縱谷，到達鯉魚潭一帶，並繞行西部外海抵達北臺灣的雞籠（按：今日的基隆）、淡水等地。1642 年，當荷蘭人決定重新整修西班牙人留在淡水的聖安東尼奧城堡（St. Antonio，按：今日的淡水紅毛城前身）時，廣南人、大港人（Cagayan，按：今日菲律賓呂宋島北部的人群）與福建唐人成為重建工程的首要勞工。之後，部分廣南人以自由勞工身分留在淡水，負責城堡的維修與養護，成為早年來臺的「越南移工」；另一有趣的插曲，則是當年曾擔任荷蘭東印度公司在臺的唐人頭人與通譯、1659 年自臺灣叛逃至國姓爺鄭成功陣營的何斌。何斌在廣南有一位越南背景的牽手。雖然我們不知道這位越南牽手是否曾隨同何斌前來臺灣。不過，我們倒是知道何斌的廣南丈人，1655 年搭乘在東埔寨交易後返航的唐船，途中遭廣南人逮捕送至會安 (Phaiso) 監禁。

進入二十世紀後，臺灣與越南分屬日本帝國與法蘭西帝國 (L'empire colonial français) 的領地。二次大戰結束後方興未艾的殖民地民族獨立運動，雖然普遍發生在戰敗國與歐陸戰勝國的海外領地；不過，大戰進入尾聲之際，戰勝國與新興強權也熱衷於爭奪、瓜分戰利品。

1945 年 8 月，盟軍於《波茨坦協定》(*Potsdam Agreement*) 中議決，自麥克阿瑟轄下的西南太平洋戰區，劃出婆羅洲、荷屬東印度及北緯十六度以南的法屬印支等地，併入東南亞指揮部。東南亞戰區盟軍最高統帥英國海軍將領蒙巴頓 (Lord Louis Mountbatten)，負責的受降區擴及所有前法國、荷蘭殖民地，但北緯十六度以北地區由中國戰區最高統帥蔣介石負責。蔣介石則將負責的中國戰區（不含蘇聯負責受降的滿洲國)，外加北越及臺灣、澎湖群島，共分成十六個受降區；北越為第一區，由盧漢的第一方面軍負責。臺澎則為第十六區。

8 月 11 日起，中國部隊先後進入河內；據載，初入首府的中國軍隊，受到眾人「冒著溽暑列隊歡迎，全城遍紮彩坊，懸掛同盟國國旗及中國國旗。中國軍隊行列通過市區時，人民夾道歡呼『中華民國萬歲』，熱烈情況為越南七十年來所僅見」。不過，盧漢一行馬上以中國境內的國共內戰為由，大肆收刮糧食及物資，河內市區甚至連門栓、燈柱等物都被洗劫一空。

12 月，盧漢要求在舉行越南國會大選時，為尾隨在中國部隊之後的親中組織：「越南革命同盟會」 (Việt Nam Cách Mạng Đồng Minh Hội)」 成員保留二十席 、「越南國民黨 (Việt Nam Quốc Dân Đảng)」五十席，並要求甫成立的越南政府釋放權力，由親中勢力出任國家副主席、經濟部長、社會部長、農業部長，外交部長、軍事委員會副主席等，企圖掌握越南的經濟、軍事、外交等面向。中國這種將北越視同藩屬的作為，目的是為了日後在當地拓展影響力；企圖進一步嘗試：「組訓民眾，灌輸我國（中國）文化，闡揚三民主義，宣達鈞座威德，以收將來同化之效。」

終戰後，原為第一受降區的越南，看似與最後一區、第十六受降區臺灣相似的命運，卻在 1946 年開始導向截然不同的軌跡。

1946 年 2 月 28 日，臺灣發生二二八事件的前一年，中、法兩國在重慶達成協定，中國軍隊需於兩個禮拜內撤出盟軍協定下的占領區，改由前殖民地宗主國法國接掌越南全境。法國給予中國的好處，則是放棄戰前在華治外法權及其有關特權。犧牲越南以換取法國放棄在華利益的中國，除了讓原在北緯十六度以南的法國殖民地部隊長驅直入外，並釋放先前為躲避日軍追擊而逃入中國尋求庇護約四千名的法軍部隊，自西北境的萊洲 (Lai Châu) 武裝進入北越。至此，戰後尋求國家獨立的越南，雖避免再次進入「北屬時期 (Thời Bắc thuộc)」的歷史命運，以及日後所謂「自古以來神聖不可分割的一部分」的言語霸凌，但也因此全境易手法國。

這本鄭永常教授的《越南史：堅毅不屈的半島之龍》，雖不是從臺灣關聯性視角看待越南歷史，但在近年來出版的越南文史著作，像陳鴻瑜教授的《越南史：史記概要》，蔣為文教授的《越南魂：語言、文字與反霸權》等著作中，鄭教授的《越南史》強調從傳統國別史角度切入，是以一般社會大眾為讀者群的越南史著作。全書分三大部分，分別是：民族起源神話與北屬中國的早期歷史，十世紀以來自中國獨立後的發展過程，以及十六世紀國土南拓與法國殖民以降的近現代史等三部分。在此借用阮太學基金會 (Nguyễn Thái Học Foundation) 為避開公海海域使用「南（中國）海 (South China Sea)」、「東海 (BiểnĐông)」等名稱而提出的新主張「東南亞海 (Southeast Asia Sea)」，讓對越南歷史有興趣的讀者，可透過此書一窺近年來與臺灣關係愈來愈密切的「東南亞海」對岸鄰國的歷史發展過程。

康培德

2019 年 11 月

序

這本《越南史——堅毅不屈的半島之龍》，是受到三民書局的邀約，以一般社會大眾為目標讀者來撰寫的「國別史」系列叢書。

過去從事明史研究、越南史研究、海洋史研究等工作時，不論是研究論文或專書，都習慣以學術角度來書寫，很少顧及社會大眾的閱讀感受。但要寫一本越南通史，不僅自古至今的演變不易處理，如何讓讀者能夠全面而毫不費力地閱讀，更是我們努力的方向。因此本書內容再三修改，希望能符合讀者們的要求。

由於從事越南史研究的學術書籍不多，我們的寫作基本上是從越南史料作為素材，以及近人一些研究成果，當中又以我的研究成果為主要參考資料。

本書在寫作過程中，主要由博士生范棋崴先生、李貴民博士和我本人合力完成，可說是我們三人共同合作的成果。能夠順利完成這本著作，我十分感謝這兩位年輕學者的支持和協助，書中如有訛誤，一概由我負責。

鄭永常

2019 年 11 月

越南史
堅毅不屈的半島之龍

目次 | Contents

第 I 篇

起源神話與早期歷史

第一章 *Chapter 1*

越南古代史

第一節　越南民族的起源與神話傳說

一、鴻龐氏與文郎國（雄王時代）

鴻龐是越南最古代王朝的傳說時期，被視為越南國家的開端，大概存在於西元前 2879 年至前 258 年間。根據史料記載，越南歷史起源於涇陽王時期，相傳神農氏的三世孫為帝明，有子名為帝宜。帝明在南巡時，於五嶺遇到婺僊女，兩人生下一子，取名為祿續。祿續天生聰穎智慧，讓帝明特別喜愛，有意將帝位直接傳給他。但祿續不敢奉父親之命，故帝明仍傳位給帝宜，並將祿續封為涇陽王，治理南方，國號「赤鬼國」。

涇陽王後來迎娶洞庭君之女神龍，並生下兒子崇纜，即為貉龍君。根據《嶺南摭怪》一書的記載，涇陽王與貉龍君皆可「行水府」（即潛水進入水中之宮殿），貉龍君時常居於水府之中，人民有事呼喚時則現身幫助。他教導民眾農耕種桑，並制訂禮儀、規範人倫，傳播文明至當地。貉龍君後娶帝宜的孫女嫗姬為妻，生下百子，傳說即為百越的始祖。但貉龍君與嫗姬一為龍種，一為僊（仙）種，貉龍君認為兩人「水火相剋，實難合併」，應該分國而治，故決定自己帶五十子返回水府之中，留下五十子給嫗姬在地上建立國家，以「文郎」為國號，領袖皆稱「雄王」，這就是文郎國的起源。

完稿於十四世紀的越南正史《越史略》，僅提及在中國春秋時期周莊王（西元前 696～前 685 年）時，越南峰州嘉寧部有異人出，能以幻術臣服諸部落，自稱雒王（雄王），號文郎國，傳十八世，皆稱雄王。若根據《越史略》的記載，雄王時代大約四百三十九年，歷經十八世，每位雄王在位約二十四年。而於十八世紀完成的《大越史記全書》，則加入了成書於十五世紀的志怪筆記小說《嶺南摭怪》中有關涇陽王和貉龍君的傳說，將開國歷史推前至西元前 2879 年，經歷二十世，共兩千六百二十一年，平均每位雄王在位約一百四十五年。相較於《大越史記全書》，應以《越史略》的說法較為合理。至於《大越

圖 1：越南雄王陵

史記全書》的說法，有學者質疑鴻龐時代的傳說不可視為信史；也有學者認為不同的「雄王」是指分屬於不同文化期的各個朝代，包括青銅器文化時代、水稻文明時代等時期。但無論如何，越南北部的歷史自貉龍君後進入文郎國時代，從部落國家進入到部落聯盟的階段。

二、文郎國的政治、經濟與文化

文郎國（西元前 696～前 258 年）可說是嫗姬之後的歷史階段，當時嫗姬與其子定居在峰州，諸子間自相推舉，選出雄長者作為統率。根據《大越史記全書》與《嶺南摭怪》記載，文郎國的疆域東邊到達南海，西邊遠至巴蜀，北邊則以洞庭湖為界，南邊緊鄰狐猻精國（占城）。國內領地劃分為越裳、交阯、朱鳶、武寧、福祿、寧海、陽泉、陸海、懷驩、九真、日南、真定、文郎、桂林、象郡等十五郡，分由封臣分別治理；在行政制度方面，國王之下設有宰相，稱為「貉侯」，將領則稱為「貉將」。國王之子稱「官郎」（皇子），國王之女稱「媚孃」（公主），一般官員名為「蒲正」，另外還有臣僕奴隸被稱作「稍稱」，各種身分父子世代相傳，此種制度則名為「父道」。

外交方面，史料中經常提及雄王曾經命令越裳氏進獻白雉給周成王的事蹟，但沒有明確指稱是哪位雄王所為。攝政王周公以「政令不施，君子不臣其人」，認為自己德行不足，無法接受其稱臣而退回貢物，但予以重賞，並派指南車將貢使送回文郎國。關於此段記載，類似的內容在《尚書大傳》也有出現，故有部分學者認為這是越南史書吸收了《尚書大傳》的說法，而將越裳氏與文郎國相結合的結果。

在經濟方面，文郎國建國初期人民以樹皮做衣服，編織菅草為床席，釀米為酒，以椰桄（樹液可製作砂糖）、棕榈（可製作食用油）作為食物調味品，捕捉野獸、魚鱉為肉乾，醃漬生薑。當時農民以刀耕火種的耕作技術，來種植糯米等作物，並用竹筒炊煮。人民還懂得建築高腳木屋，以避免野獸的侵害。從上述記載可得知文郎國還處於由漁獵採集過渡至農耕的階段，並已經具有一定程度的建築技術，但物質生活仍停留在較為簡樸的階段。

有關文郎國的社會文化，相傳百姓為了方便進入森林、河川而剪短頭髮，而在嘗試捕食魚、蝦時，被水中的蛟蛇攻擊，人民求告於雄王，雄王認為這是因為山民與水中族類相異所導致，因此要百姓們將龍紋、水怪等圖形以墨刺畫在身上，以避開蛟蛇一類的水族侵害，成為百越之民文身習慣的由來。另外，剛出生的小孩以芭蕉葉為床；人死之後，則以杵舂聲讓相鄰村民得知。男女嫁娶之時，以臘肉為先，再以檳榔為禮，然後宰殺牛羊以為祭祀，最後以糯米飯送入新房，相互餵食之後，完成洞房，也可知其有關婚喪風俗的禮法制度已粗略形成。

三、山精、水精

在《大越史記全書》中，文郎國的末期有一段關於山精、水精求親於雄王的傳說，揭示了文郎國滅亡的原因。在文郎國的末期，雄王有一名女兒名叫媚娘，因為外貌美艷，吸引中國四川地區蜀國（西元前 2500～前 316 年）的蜀王前來求親。雄王本欲答應，但貉侯認為蜀王意圖吞併文郎國，聯姻只是藉口，雄王遂拒絕蜀王聯姻的要求，使蜀王對此事懷恨在心。雄王再次為媚娘招親。他認為女兒乃是仙種，故來求親者也必須是才德兼備之人，方能匹配得上媚娘。消息傳開之後，有兩人前來求親，原來是生活在文郎國內的山精與水精。因為二人皆具賢才，雄王難以決定，於是與兩人約定隔日先帶聘禮到來者便可與媚娘成親。隔日山精準備了珍寶、金銀、山禽、野獸等聘禮前來，雄王便依約定將女兒嫁給山精。晚到的水精後悔莫及，遂作法下起大雨讓河水暴漲，率領水族要將媚娘奪回。雄王與山精先在慈廉縣上流架起鐵網阻擋，水精則通過陀江等水路進入陸地，在各地引發洪水淹成潭淵，伺機突襲；山精化為神祇，召來蠻人以竹籬笆抵禦水攻，再以弩箭攻擊水族，終將水精逼退，山精成功地娶得媚娘。山精與媚娘成親一事再次激怒蜀王，他囑咐子孫必定要攻滅文郎國並吞併之，此夙願則等到蜀王之孫蜀泮繼位之後為其達成。

在越南的上古傳說之中，有個值得注意的地方：這些神話明顯是受中國神話傳說所影響，像是前述的神農氏、洞庭君以及進獻貢物給周成王等內容。其原因何在？以《嶺南摭怪》與《大越史記全書》為例，《嶺南摭怪》主要記載各種中國、越南神話，非一時一地一人所作，最早應起於十一、十二世紀的越南李朝；而《大越史記全書》則是十五世紀後黎朝時期的重要官修史書，也就是說兩者皆為後世之文人所撰寫。實際上，相較於同時期的中國，早期的越南歷史處於文明尚未開化的部落社會，流傳至後世的記載自然不會太多。而後越南文化水準提升到一定程度，知識分子開始撰寫自己國家的傳說、歷史時，遇到上古神話中較為空缺的部分，便與影響越南最深的中國文化神話相附會，產生有中國文化特色的神話傳說。

第二節　甌駱國與南越國的關係

一、安陽王與甌駱國

《大越史記全書》中，第一次出現明確的歷史紀年，是有關文郎國被滅的史實。最初是蜀國國王蜀泮興兵進攻，但文郎國軍事實力雄厚，屢次挫敗蜀國，雄王更是自認擁有神力而驕傲自大、飲酒作樂，導致武備廢弛。最後在蜀軍進逼時仍沉醉不覺，吐血墜井而亡，文郎國被滅，剩餘部眾全數投降。

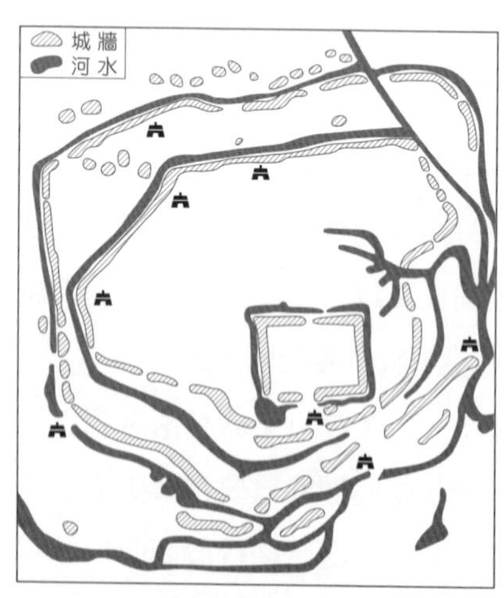

圖 2：螺城平面圖

西元前 257 年，蜀泮改國號為甌駱，自號安陽王，為安陽王元年 。蜀泮建立甌駱國後， 開始在越裳一帶興築都城，因其形式為螺旋狀，故稱為螺城， 又名思龍城 、 崑崙城。但螺城的建造過程並非一帆風順，建好不久後就城崩牆塌，安陽王只得沐浴齋戒，求禱於天地山川神祇，並重新建築，但過程並不順利。

到了安陽王三年（西元前 255 年），有一隻能說人話並預測未來、自稱「江使」的金龜現身協助安陽王。安陽王向其詢問城崩之因，金龜指出是前朝王子的靈魂附於山川精氣，隱於七耀山中，伺機復仇。山中還有前代伶人的鬼魂，而七耀山旁的旅店店主有一個女兒及一隻白雞，乃是山川精氣化身而成，故夜宿於此旅店者必被鬼所害，怨死者嘯聚成群，以至城池毀壞，只要殺了白雞、去除精氣，問題自然迎刃而解。於是安陽王帶著金龜假扮成旅客來到七耀山下，準備夜宿旅店，店主勸其離開以避禍，不過安陽王並無畏懼之色。到了晚上，果然有鬼魂精怪前來侵擾，都被金龜叱退，不得而入，直到天亮才離去。安陽王聽從金龜的囑咐追至七耀山，確認鬼怪精氣消散殆盡後返回旅店，又向店主索討白雞，殺而祭之，店主的女兒也隨之去世。最後安陽王派人發掘七耀山，取得古樂器與伶人之骨骸，燒成灰後散入江中，至此妖氣才完全斷絕。事件結束後，築城的過程極為順利，不到半個月便完成。

金龜在螺城居住三年後，終於辭別離去。臨行前安陽王向金龜道謝，並擔憂金龜離開後，若遇到外敵會無法抵禦。金龜聽聞後將爪子取下，讓安陽王以此爪製作用以抵禦外敵的兵器。安陽王命大臣皐魯（或稱皐通）以金龜爪為弩機，製成「靈光金龜神機弩」（《大越史記全書》稱之為「靈光金爪神弩」），此種兵器的具體威力，在相關史書中沒有詳細描述，但中國古代經典《水經

圖 3：安陽王與神弩

注》第三十七卷中可發現相關記載：「安陽王有神人，名皐通，下輔佐，為安陽王治神弩一張，一發殺三百人」。顯見該弩是種威力相當強大的武器，傳說此神弩在秦代趙佗進攻甌駱國時成為相當大的阻礙。

二、趙佗南越國

秦始皇二十六年（西元前 221 年），秦統一六國，開始向南擴張版圖，兵鋒直指嶺南、百越一帶。當時秦帝國未承認甌駱國對越南北部交阯地區的統治，並把交阯視為往南擴張的首要目標。

秦始皇三十三年（西元前 214 年），秦帝國於嶺南設置桂林、南海、象郡等三郡，象郡已包含交阯北部的諒山地區。南海郡守由任囂擔任，趙佗則任龍川縣令。

秦始皇三十七年（西元前 210 年），任囂與趙佗率兵南侵。趙佗駐軍北江僊遊山與安陽王對戰，遭到安陽王以神弩攻之，傷亡慘重，敗退至武寧山，並遣使與安陽王講和，雙方以平江為界分而治之。由此可知，安陽王時期的甌駱國力不容小覷。趙佗深知有神弩存在，無法擊敗安陽王，便派其子趙仲始充任安陽王宿衛，並向安陽王的女兒媚珠求婚。兩人成親後，趙仲始誘騙媚珠帶其觀看神弩，藉機將弩機破壞、更換，再以省親為由返回北方。臨去之前，趙仲始與媚珠約定若雙方開戰，媚珠可在逃跑時將隨身錦褥上的鵝毛放在歧路，供趙仲始前來與媚珠相見。

秦二世二年（西元前 208 年），任囂病重，召趙佗到病榻前談論天下大勢。當時各地已起義抗秦，局勢變幻莫測，任囂跟趙佗說：「嶺南地屬偏遠，秦朝鞭長莫及，恐有盜匪侵擾，應斷絕與秦朝的連通道路，靜觀其變。」等到任囂將死之時，又告誡趙佗：「南海諸郡之地有山河之險，土地廣闊，利用地利之便，加上秦人輔佐，未嘗不可據此地自立為王。」並讓趙佗繼承其位。任囂死後，趙佗移檄至周邊郡縣，各郡縣皆響應，趙佗盡殺秦朝所派長吏等官，由親信替換，正式脫離秦朝，割據一方。

確立統治權後，趙佗再次率兵南侵。此時安陽王尚不知神弩已被破壞，依然持之迎擊，在戰鬥中神弩斷折失效，致使安陽王大敗而走，與媚珠共乘一馬往南奔逃。逃亡過程中，媚珠依約定沿路灑下鵝毛，趙仲始便隨著鵝毛一路追趕而來。安陽王逃至海濱時無船可渡，急呼金龜前來救援，金龜浮出水面，斥責媚珠乃是亡國之因，要安陽王殺之。安陽王斬殺媚珠後，持七寸文犀，隨著金龜遁入水中脫逃，而媚珠的血液流入海中，被蛤蚌吸收，化為明珠。等趙仲始追至海濱時，媚珠已死，趙仲始只能將媚珠歸葬螺城，後其屍化為玉石，趙仲始則因思念媚珠過度，悲痛不已，遂投井自盡。

趙佗攻滅甌駱國後，把交阯納入版圖，雖有派典使治理當地，實質上卻是羈縻而已。趙佗自己則建國南越，定都於番禺（廣州），自號南越武王，是為南越國元年（秦二世三年，西元前 207 年），勢力範圍包含廣東、廣西和交阯。

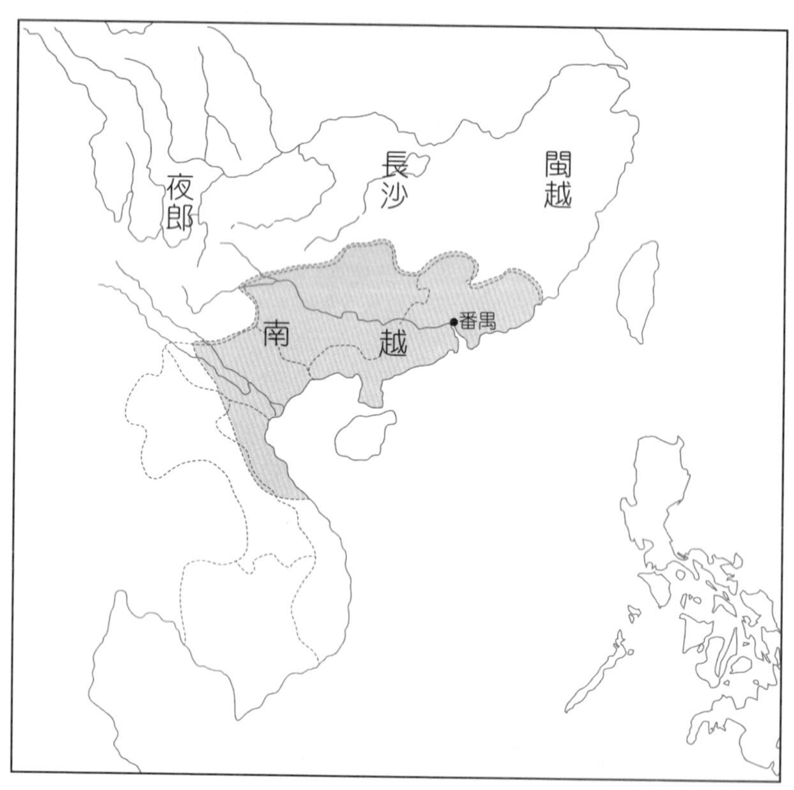

圖 4：南越國勢力範圍

第二章 Chapter 2

北屬中國的越南

第一節　南越國與兩漢的統治

一、第一次北屬

雖然在《大越史記全書》中，記載鴻龐氏、文郎國、甌駱國等朝代先後統治越南北部的事蹟，但檢視其內容，仍有許多部分實際上未脫神話傳說時期的色彩。故嚴格來說，在趙佗建立南越國後，由於與中國歷史接軌，可稽考其年代，才算是真正進入了越南的信史時期。

自趙佗建國開始，到西漢元鼎六年（西元前 111 年）被漢朝滅亡為止，期間南越國與漢朝的外交關係發生過許多次變化。劉邦統一天下後，欲予民休養生息，盡量避免發動大規模戰爭，故對南越採取懷柔政策。漢高祖十一年（西元前 196 年），陸賈出使南越，成功勸說趙佗歸順漢朝，使南越國成為漢朝藩屬國，雙方互派使者，並在邊界互市。此後直到漢惠帝期間，雙方皆保持和平。

漢高后四年（西元前 184 年），呂后下令中止與南越之間的互市，並剷平趙佗在中國的祖墳，殺其親人。趙佗認為這可能與漢的諸侯國長沙國從中挑撥有關，因此在隔年（西元前 183 年）自稱南越武帝，率兵進攻長沙國，並在漢高后七年（西元前 181 年）開始對位於福建的閩越國進行征服❶。

此外，漢朝對南方民族的征服與外交採取兩手策略，例如對位於廣西以西交阯地區的甌駱國採取軍事威脅或餽贈財物等行動，以雙管齊下的方式使其順服。漢高后八年（西元前 180 年），呂后崩，代王劉恆繼位，是為漢文帝。漢文帝修改方針，與南越國重建外交關係，一方面派人修葺趙佗祖墳，並派人定時祭祀，一方面再次派遣陸賈出使南越，趙佗又一次向漢臣服，雙方恢復派遣使節，但在南越國內趙佗仍自稱皇帝。此種形式上的穩定外交關係，一直持續到漢武帝期間才被打破。

漢武帝建元四年（西元前 137 年），趙佗去世，由其孫趙眜繼位，是為南越文王。建元六年（西元前 135 年），南越文王趙眜為加強與漢朝之外交關係，遣世子趙嬰齊為人質，進入漢宮充任宿衛。在此之前趙嬰齊已娶南越女子為妻，並生下一子趙建德，在漢宮作為人質期間又另娶一妻樛氏，生子趙興。漢元狩元年（西

❶ 在春秋戰國時期，越國被楚國滅亡後，部分越人遷徙至閩中地區，與當地土著結合為國，史稱為閩越國（約西元前 333～前 111 年）。

元前 122 年），趙眛去世，趙嬰齊繼承王位，是為南越明王，以樛氏為后，並廢長立幼，以趙興為世子。以樛氏為首之親漢朝勢力，與以南越丞相呂嘉為首的南越本土勢力，兩者的鬥爭在此時已埋下伏筆。另外，趙嬰齊即位後，漢朝數度要求南越明王入朝覲見，他雖然派遣質子赴漢，維持外交關係，但始終稱病不敢前赴中國，實際上是已察覺漢武帝有吞併南越之野心。

西漢元鼎四年（西元前 113 年），趙嬰齊死，趙興即位，為南越哀王，樛氏為太后。同年漢朝遣使者安國少季等人赴南越，要求趙興與樛太后以諸侯方式前往長安朝見漢武帝，內附漢朝。樛太后與安國少季過往曾有一段舊情，此次兩人相見，重續前緣，卻被南越國人所知，對樛太后加以疏遠。樛太后感到勢力漸弱，為保自身地位，極力說服趙興與群臣歸順漢朝，且上書漢廷，欲比照國內諸侯，三年赴長安朝見一次，並願意撤除邊關。漢武帝答應其要求，並賜與丞相、內史、中尉、太傅等高級官員印綬，等於是收回了這些官員的任命權，同時干涉其司法，廢除黥、劓等刑，改用漢律，讓漢使續留南越國穩定局面。這些措施實際上是為南越內附漢朝做好準備，讓以丞相呂嘉為首的南越本土勢力感到疑懼而反對。

呂嘉乃歷侍三朝之丞相，宗族中仕官者眾多，亦與王室有密切的姻親關係，在南越具有崇高地位，人望甚至高於南越王。他曾多次勸誡哀王不要內附漢朝未果，乃生叛心。雙方情勢劍拔弩張，哀王與樛太后為防呂嘉先下手為強，以宴請漢使名義召呂嘉同往，欲在宴席中動手，但因漢使猶豫不決而作罷。西漢元鼎五年（西元前 112 年），漢武帝得知消息，便派韓千秋等率兩千人前往南越誅除呂嘉，但這反而給了呂嘉叛變的藉口，他通告全國，謂國王年幼，太后身為漢人又與漢使私通，一旦內附，先王的珍寶將被奪走，而南越人也會被送往長安為奴。遂起兵入宮，將哀王、太后與漢使等人全數誅殺，立趙嬰齊長子趙建德為術陽王。

其後韓千秋率兵至，攻破數邑，呂嘉假意不抵抗，並供給糧食，等韓千秋軍隊順利抵達距番禺四十里處時，突然發兵突襲，將其殲滅，派人將漢使符節置於兩國邊境，並派兵嚴守。同年秋天，漢武帝再發五路共十萬大軍南下，呂嘉等人無法抵抗，被漢軍擒殺，西漢元鼎六年（西元前 111 年），南越國為西漢所滅，進入越南史上第一次北屬時期。

南越趙氏雖被視為越南歷史上的一個朝代，但因其統治者來自中國，故其最重要的影響莫過於引進了中國的文化，改易風俗，使大多仍停留在較原始生活的鬆散部落，逐漸建構出國家的雛形。其實早在秦朝時，秦始皇便曾發卒五十萬謫戍嶺南，當時趙佗曾向秦始皇要求未婚女性三萬人，以為士卒修補衣物，後來秦廷派遣了一萬五千名婦女前往，數量高達五十餘萬的士卒及隨行婦女移入嶺南，不可不說為嶺南、交阯的華化帶來相當的促進效果，而趙佗建立南越國後，推行華化更是不遺餘力，在《大越史記全書》中，記載趙佗不但通過詩書來教化人民，同時也引進農耕等較先進的技術改變國家經濟型態，增強國力，處於南越國統治下的交阯地區自然受到影響。到南越文王趙眜統治時，則採守成策略，典章制度皆沿用前朝，延續了趙佗推動漢化的方針，這更使交阯地區的漢化得以持續進行而不輟。

西漢攻滅南越國後，在此地設立南海、合浦、蒼梧、鬱林、珠崖、儋耳、交阯、九真、日南等九郡，為交州，其中交阯、九真、日南所在地即今日越南北部至中部一帶。漢廷派遣石戴為太守，以龍淵（龍編，今河內）為治所。史籍中對西漢統治時期的記載並不多，從設置九郡之後，到開始有相關的記載，已經是西漢、新莽與東漢之際的史事。西漢平帝時，錫光任交阯太守，在交阯推動漢化，以禮義教化民眾，而在王莽篡漢後閉境拒守，等東漢建立後才回歸；而相對於交阯，九真在漢代前期漢化程度不高，仍以射獵為生，既缺乏進步的生產方式，需向交阯買糧，以致生活困乏，也沒有完備的禮法制度，可說尚處於較原始的狀態，直到東漢建武年間任延赴九真擔任太守，教民製器農耕、穿戴冠履、引進婚配媒聘等禮法制度，並建立學校，使九真人民一方面可自給自足，一方面則脫離蒙昧，進入文明。在《大越史記全書》等史籍中對於錫光與任延推動漢化之貢獻皆加以肯定。

漢朝持續對越南的統治，歷經新莽的過渡期，來到東漢初年，朝廷派遣之地方官與當地本土勢力間的矛盾引起了民變，即著名的「二徵起義」，而越南史上的「第一次北屬時期」就此結束。

二、第二次北屬

㈠二徵起義與馬援南征

《大越史記全書》記載，徵側為交阯郡麋冷縣雒將之女，嫁給朱鳶縣詩索為妻，《後漢書》中對她有頗為雄勇的評價，因交阯太守蘇定為政貪暴，徵側遭到蘇定以法律制裁，且其夫詩索又被蘇定所殺，故在東漢建武十六年（西元 40 年），徵側與其妹徵貳率兵起義，迅速攻陷州治，南海、九真、日南、合浦等郡群起響應，領有嶺南六十五城，號稱「徵王」，一時間聲勢大振，頗有割據嶺南之勢。東漢建武十七年（西元 41 年），漢光武帝以馬援為伏波將軍，並下詔長沙、交阯等郡製造車船等器械、修築橋樑道路，並儲備軍糧。建武十八年（西元 42 年），馬援率軍南征，與徵氏軍隊相遇於浪泊，展開激戰，徵氏不能敵，率軍退保禁溪，東漢軍長驅直入。在《大越史記全書》中，徵氏撤退後，只記載徵氏部屬四散，勢力崩解，但對徵氏的下落沒有多加說明；《後漢

圖 5：後世舉行的「二徵起義」紀念活動

書》則記載，建武十九年正月徵側、徵貳被斬首，首級送回洛陽，而交阯各部落領袖數百人被放逐於內地。馬援則因功獲封新息侯。至此徵氏姊妹的主要勢力被撲滅，開始了越南史上「第二次北屬時期」。

馬援平定徵氏姊妹起義後，上奏請將西於縣劃為封溪、望海二縣，據《後漢書》記載，馬援南征期間，大軍所到之處，一方面設置郡縣，加強修築城池防禦與水利等民生建設，一方面則整理解決律法上的衝突，用以約束越人，自此之後交阯地區華風日漸興盛。

㈡東漢統治期間

馬援平定徵氏起義之後，東漢在交州的統治進入相對穩定的局面，自漢明帝至漢安帝共五世八十二年，基本上沒有太嚴重的動亂，偶有良吏被載於史冊，如明帝時有日南太守李善，「以惠愛為政，懷來異俗」，後遷九真太守；另外交阯太守周敞上書朝廷，請求在該地設州，朝廷以周敞為刺史，監管郡縣。

從漢順帝末年開始，由於漢朝國力漸弱，控制力下降，加上常擇吏不得其人，交州進入短暫的動盪時期。首先是東漢永和二年（西元 137 年），日南象林縣區憐起兵叛亂，攻擊郡縣，殺死縣令，後並據有日南郡全境，自立為王，建立林邑國。交州刺史樊演派交阯、九真軍隊討伐，但因路途遙遠，軍隊譁變，倒戈進攻。漢帝本欲派荊、楊、兗、豫四州四萬軍隊討伐，但被大臣李固勸阻，改派祝良為九真太守，張喬為交州刺史，前往當地勸慰百姓。其後元嘉二年（西元 152 年）、光和元年（西元 178 年），也都發生叛亂；中平元年（西元 184 年），交州州人擒殺刺史周喁，並遣人前赴朝廷細數周喁罪狀，朝廷改派賈琮擔任刺史。據《大越史記全書》記載，在賈琮之前的刺史，因當地出產明珠、翠羽、犀象、玳瑁、異香等寶物，故課以極重之賦稅，當地民眾乃為自保才叛變，於是賈琮勸慰百姓，使其各安其業，又招撫流亡者，減輕賦稅，誅殺苛虐之為首者，挑選良吏治理地方，終於使地方回復安定。賈琮治理交州三年後，徵為拜議郎，以李進代之。值得一提的是，李進本身乃是出身交州，故他出任交州刺史具有重要的意義，一方面可說是「越人治越」之始，一方面則表明交州當地人的學術文化程度已達到一定水準，並某種程度得到朝廷的認可。

交州人雖可出任交州刺史，但中央對交州士人似乎仍存有歧視，初期交州所舉孝廉、茂才，只能除補屬州長吏，無法擔任中州官，這種政策引起交州士人的不滿，故李進曾上疏朝廷，願意讓交州孝廉與其他各州人才一較長短，顯然對交州士人才學極有信心，但被漢廷以擔心邊遠地區的士人品行缺陷會有損官威的理由而否決；而當時交州人李琴正宿衛在臺，聯合同鄉士人卜龍等五、六人，藉萬國來朝之日，俯伏於宮廷，申訴皇恩不均。經過李進等人的爭取，交州士人才逐漸得到與中原士人同等待遇，如李琴擔任司隸校尉，張重任金城太守等，因此李進等人對東漢時期交阯人地位的提升可說有極大的貢獻。

第二節　士燮治越至第三次北屬

一、士燮治越

東漢在和帝之後，國勢漸走下坡，由於皇帝多為幼年即位，故成年前朝政多由外戚把持，皇帝成年後欲奪回權力，又聯合宦官驅逐外戚勢力，使政局陷入惡鬥的循環，至桓、靈二帝時，又有士大夫與宦官鬥爭引起的黨錮之禍、黃巾之亂、群雄割據的局面。當此亂世，惟獨交州相對安定，故當時不少中原有才之士避居交州，加上當時的交阯太守士燮體器寬厚又禮賢下士，故不少名士前往避難依附。

士燮為蒼梧廣信人，先祖居於漢代魯國汶陽，新莽時避禍交州，父親士賜曾任日南太守。士燮少年時遊學洛陽，師事潁川劉子奇，治《左氏春秋》，後舉孝廉，補尚書郎。父親死後，士燮又舉茂才，擔任巫縣令，東漢中平四年（西元 187 年）被任命為交阯太守，同時利用交州刺史朱符被夷賊所殺，州郡紛亂之際，上表請其弟士壹、士䵋、士武分別擔任合浦、九真、南海三郡太守，從此士燮一族勢力大張，實際上控制了交州，他與兄弟們分別擔任郡守，在交州一帶成為一方之霸，並且收服了周圍百蠻部落，出入之時有笳鼓簫吹，經常伴隨有數十位妻妾乘坐篷車，子弟則騎馬同行，尾隨的軍隊則塞滿街道，當地的土人夾道焚香迎接。士燮雖然割據一方，卻始終以交阯太守的身分對漢朝稱臣。因此漢獻帝時曾下詔，拜士燮為安遠將軍，封龍度亭侯，但士燮以如同皇帝的架勢統治，加上待人寬厚、禮賢下士的態度，雖未稱王，交州民眾卻稱其「士王」，所以在《大越史記全書》等越南史書中也以此稱呼他。

東漢建安十五年（西元 210 年），孫權遣步騭為交州刺史，士燮率兄弟奉承節度，孫權加封士燮為左將軍。後士燮又遣其子入質吳國，取得孫權信任，加封為衛將軍、龍編侯，同時士燮每歲皆遣使吳國，並送上珍寶、異果、馬匹等貢物，博取孫權的好感。東吳黃武五年（西元 226 年），士燮病逝，孫權改任士燮三子士徽為九真太守，並將交州分割為交州與廣州（合浦郡以北之地劃歸廣州），而兩州刺史與交阯太守等職皆由東吳屬官出任，此舉引起士徽不滿，發兵叛變，反被東吳軍隊攻滅，後其親族亦被牽連，遭廢為庶人或被誅殺，至此士燮一族在交州的統治終結。

雖然士燮一族統治交州僅兩世便告終，但士燮在亂世之中能保境安民，使交州遠離戰亂，加上他禮賢下士之風吸引了眾多名士前來，這對提高交阯的學術風氣有極大的幫助，《大越史記全書》認為是他使越南「通詩書，習禮樂，為文獻之邦」，給予他很高的評價，而對於士燮統治交阯治績方面，也對他的禮遇士人以及面對東吳等強大鄰國具有彈性的外交政策加以肯定。

二、六朝的統治

東吳直接統治交州後，派遣的官員除了早期的呂岱、陸胤等人施政官聲較好外，其餘的地方官不乏貪暴之輩，故常激起當地

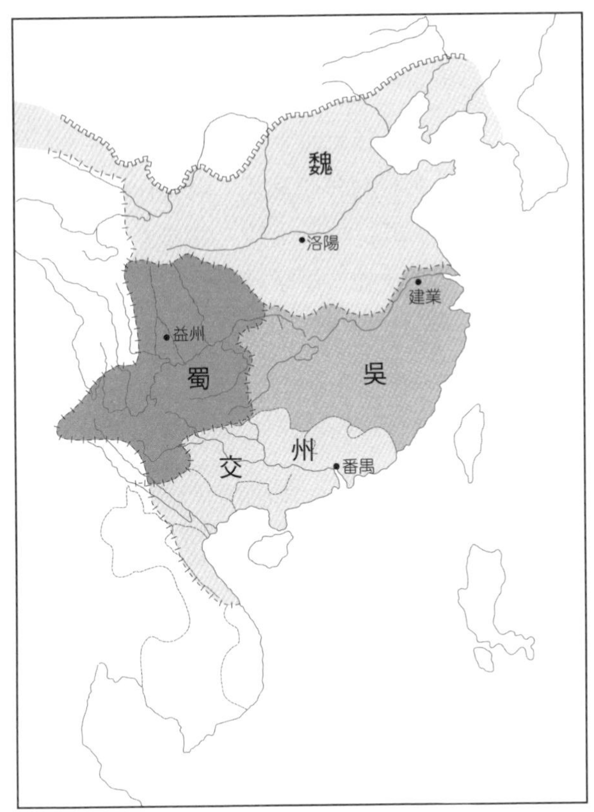

圖 6：士燮一族勢力範圍

民眾的反抗，較知名的如東吳赤烏十一年（西元 248 年）趙嫗的起義，而其後則大小動亂不斷，至東吳永安六年（西元 263 年），東吳先以孫諝為交阯太守，孫諝為人貪暴，為當地百姓所厭惡，曾調發交阯千餘名手工業者前往建業從事徭役，後東吳派鄧訽至交阯徵調孔雀三十隻送往建業，當地百姓害怕又被調發至路途遙遠的建業從事徭役，故起義叛亂。同年四月，郡吏呂興率兵起事，殺死孫諝與鄧詢，並遣使赴魏請求內附，九真、日南等郡也起兵響應。西晉泰始元年（西元 265 年），曹魏被晉所篡，交州內附，成為西晉領地，對東吳形成三面包圍之勢。西晉泰始四年（西元 268 年），東吳開始多次發兵奪還交州，終於在西晉建衡三年（西元 271 年）收復交州。再次將交州納入版圖後，東吳以陶璜為交州刺史，開拓領地三十餘縣，治理交州甚得人心，西晉咸寧六年（西元 280 年），東吳被晉所滅，陶璜投降後，被繼續任命為交州刺史，並加封宛陵侯與冠軍將軍，先後在交州任官三十年，得到百姓愛戴。

交州納入西晉版圖後，先後由陶璜、吳彥擔任刺史，整體來說尚算穩定。而從西晉末年至東晉初年，督軍梁碩掌控交州事務，局勢開始陷入混亂。梁碩曾欲發兵攻擊割據交廣兩州的王機，後王機為廣州刺史陶侃平定，梁碩自立為交阯太守。東晉永昌元年（西元 322 年），掌握朝政實權的王敦指派王諒為交州刺史，並派兵攻擊梁碩，梁碩因而叛變，圍困王諒於龍編。東晉永昌二年（西元 323 年），梁碩攻滅王諒，並割據交州，廣州刺史陶侃命高寶率軍擒殺梁碩，平定叛亂，晉廷任命陶侃兼領交州刺史，並進號征南大將軍。其他如東晉太元五年（西元 380 年）九真太守李遜叛變、東晉義熙六年 （西元 410 年） 五斗米道首領盧循入侵交州等，都是騷動一時的動亂，而這些動亂分別由先後擔任交州刺史的杜瑗與其子杜慧度所弭平。杜慧度治理交州期間，致力整頓內政，他當政之時，除自己布衣蔬食外，還禁止祭拜淫祠、修建學校。如果發生饑荒則以個人的俸祿捐出作為賑災之用，推行政策設想周到，就像管理自己的家族那樣細心，因此地方民眾對他敬畏愛戴，社會民風純樸，治安良好。

劉宋永初元年（西元 420 年），劉裕篡晉，是為劉宋武帝。劉宋泰始四年（西元 468 年），交州刺史劉牧病死，交州人李長仁藉機起兵叛亂，將劉牧的部曲殺盡，據有交州，自立為刺史；同年八月，劉宋遣劉勃為交州刺史，被李長仁所拒；至該年十一月，李長仁因擔憂劉宋派大軍前來，主動向宋廷請降，劉宋許之，由李長仁主理州務。李長仁死後，其弟李叔獻繼續據有交州。南朝齊建元元年（西元 479 年），蕭道成篡宋，建立南齊。南朝齊永明三年（西元 485 年），南齊武帝以李叔獻拒絕進貢為由，遣劉楷進軍交州，李叔獻畏懼而至南齊朝覲，才中止李氏兄弟割據一方的局面。

梁天監元年（西元 502 年），蕭衍篡齊，是為梁武帝。南梁統治期間，交州也不平靜，梁天監四年（西元 505 年），交州刺史李元凱叛變，被長史李畟率兵平定。到梁大同七年（西元 541 年）時，因交州刺史武林侯蕭諮刻暴，民眾怨之，終於由交州人李賁率領起事，爆發大規模的動亂，將梁朝統治勢力驅逐，據有交州，越南歷史上「第二次北屬時期」至此告終。

三、前李朝與第三次北屬時期

李賁是龍興太平人，其先祖為西漢末中原人士，因苦於戰亂而避居交州，傳七世而至李賁。他曾在梁朝任官，後又遭逢戰亂而回到故鄉。另外有交州文士并韶，前往梁朝求官，卻因并姓不是世家大族的理由，只讓他擔任廣陽門郎，并韶感覺受辱，返回交州。其時交州刺史武林侯蕭諮為政刻暴，交州民怨沸騰，適逢梁大同七年（西元 541 年）林邑國進攻交州，李賁抓緊時機，在并韶與交州當地酋長趙肅等人輔佐下，率兵反抗南梁統治，將蕭諮驅逐至廣州，據有交州，其後又在梁大同八年（西元 542 年）與梁大同九年（西元 543 年）分別擊退了南梁與林邑國的入侵。梁大同十年（西元 544 年），李賁自稱「南帝」，國號「萬春國」，以趙肅為太傅，并韶等人也受封官職，史稱「前李南帝」。

梁大同十一年（西元 545 年），南梁以楊瞟為交州刺史，陳霸先為司馬，率兵進攻交州，李賁率兵三萬拒之，但先後在朱鳶縣與蘇瀝江口被擊敗，李賁退守嘉寧城，被梁軍所圍，梁中大同元年四月（西元 546 年），嘉寧城破，李賁逃入新昌獠，梁兵屯駐嘉寧江口；同年八月，李賁再聚集兩萬人，駐紮於典澈湖，製造大批船艦，梁軍忌憚不敢進。某日，江水暴漲灌入湖中，陳霸先抓緊時機，乘夜率軍進擊，李賁猝不及防，再度潰敗，退守屈獠洞整軍再戰，委由大將趙光復（太傅趙肅之子）統領軍隊與陳霸先對峙。趙光復駐兵於朱鳶縣附近夜澤的廣大沼澤地區，需熟知地形者方得進入，晝伏夜出，突襲梁軍，陳霸先一時間也莫可奈何，交州人稱其夜澤王。另一方面，李賁兄李天寶率族將李佛子等三萬人入九真，被陳霸先擊潰，收攏萬餘人逃奔哀牢境夷獠。

梁太清二年（西元 548 年）三月，李賁病逝於屈獠洞，餘部分別由李天寶與趙光復統領，李天寶改國號為「野能」，自號「桃郎王」，趙光復則稱「趙越王」。同年八月，南梁爆發侯景之亂，朝局陷入混亂。梁簡文帝大寶元年（西元 550 年），陳霸先被任命為交州刺史，但因朝局混亂，陳霸先率軍北上，討伐侯景，南梁兵力減少，使交州呈現權力真空狀態，趙光復之勢力乘機收復領土。梁敬帝紹泰元年（西元 555 年），桃郎王李天寶去世，由族將李佛子繼承其勢力。

陳武帝永定元年（西元 557 年），陳霸先篡梁，建立陳朝。同年，李佛子率兵東下，與趙光復勢力交戰，雙方未分勝負，於是議定以君臣州為界，以北屬李佛子，以南屬趙光復，據《大越史記全書》記載，趙光復並將女兒嫁給李佛子之子，以聯姻的方式維繫和平。陳太建三年（西元 571 年），李佛子突背約發兵進攻，趙光復不敵，奔逃至大鴉江口投海，不知所蹤，趙氏勢力被滅，李佛子統一交州，而為了與李賁區別，後世史書稱其為「後李南帝」。

隋文帝開皇元年（西元 581 年），楊堅篡周，建立隋朝。開皇九年（西元 589 年），隋軍攻入建康，陳朝滅亡，隋朝統治範圍擴展至華南，並存有繼續南進的野心，對李佛子形成極大的威脅。終於在隋文帝仁壽二年（西元 602 年），隋朝以劉方為交州道行軍總管，率領二十七營大軍南侵，李佛子不敵敗退，劉方向李佛子諭以禍福，李佛子在判斷情勢後認定沒有勝算，遂向隋軍投降，據《大越史記全書》記載，李佛子舊將投降後，遠征軍主帥劉方認為他們生性兇悍狡黠，故盡數予以誅殺。至此前李朝（西元 544～602 年）滅亡，開啟越南史上「第三次北屬時期」。

第三節　隋唐五代十國的統治

一、隋唐時期

或許是因為隋朝時間太短，《大越史記全書》等史書中對隋朝時期的統治幾乎沒有相關記載，大多只有記載劉方平定交州後，率軍進攻林邑的事蹟。隋煬帝大業元年（西元 605 年），有傳言林邑多奇寶，隋煬帝遂任命劉方為驩州道行軍總管，進軍林邑。初期林邑軍據有險要，但被隋軍擊退，渡過闍黎江後，林邑派出象兵圍攻，隋軍交戰不利而退，後劉方在地面掘坑，以草覆蓋，再佯裝戰敗而走，林邑象兵追擊而至，陷落坑洞之中，隋軍以弩弓射之，林邑軍大敗，隋軍勢如破竹，同年四月攻入林邑國都，劉方率軍入宗廟，獲得十八座以黃金鑄成的神主牌，刻石記功而還，但因水土不服，隋軍回國途中病死者不少，劉方亦在其中。

隋在統一天下後，有鑑於州、郡、縣三級制易造成事務疊床架屋，冗員過多的情形，故改採州、縣二級制，至隋煬帝時，又改為郡、縣二級制，而這種行政架構也被施行於原交州一帶。

隋末，南海之地地處偏遠，又擇官不當，致使官員貪暴，壓榨當地居民，叛亂頻仍，故欲派遣良吏治理，丘和因此被推薦擔任交阯太守。唐武德元年（西元 618 年），隋恭帝禪位於李淵，隋滅，唐朝建立，當時仍是群雄割據的局面，其中據有長江中游地區的蕭銑，與據有江西與廣東的林士弘，皆派出使者遊說丘和歸降，丘和拒絕，蕭銑派遣甯長真率兵自海路進攻丘和，卻反而被丘和擊破。後丘和遣使降唐，唐以丘和為交州大總管，交阯之地納入唐朝版圖。唐朝開國之初，改郡為州，邊疆鎮守地帶設總管府，後改為都督府，實行軍統，交阯先於武德五年（西元622年）設交州總管府，七年（西元624年）改交州都督府，至唐高宗調露元年（西元679年），又改為安南都護府，其功能在確保領土與控馭南海諸國。自此，交阯一地以安南著稱。

進入唐朝統治，越南的情況如何？通過一些研究成果中或許可以得到解答。在越南史學家陳重金（陳仲金）的著作《越南通史》中，他認為在越南北屬時期中，唐朝時期的統治最為苛暴；臺灣學者呂士朋也認為唐代的安南「內部事變，大都起於官吏之貪利侵侮，魚肉人民」。所以在唐朝統治期間，爆發了多次的民變，幾次較為重大的動亂，如唐睿宗垂拱三年（西元687年），因安南都護劉延祐將當地俚戶的捐輸由半租改為全租，引起民眾不滿，以李嗣先為首，率眾起兵反唐，但事機不密被劉延祐所悉，李嗣先被捕殺。李嗣先部將丁建率餘眾包圍安南都護府，並破城斬殺劉延祐，後來唐朝派遣桂州司馬曹直靜率兵平定下才終結這場動亂。唐玄宗開元十年（西元722年），又有安南人士梅叔鸞起事。陳重金在《越南通史》中指出，梅叔鸞是面目黝黑、魁偉有力之人，因見當時唐朝官吏貪暴，人民困苦，故乘當時盜匪多如螞蟻之局勢，招募志同道合者起事反唐，在驩州建城稱王，被稱為梅黑帝。起事的同時聯絡林邑、真臘等國為外援，號稱有三十萬之眾，但不久就被唐玄宗派遣的內侍左監門衛將軍楊思勗與都護光楚客剿滅。

唐德宗貞元七年（西元 791 年），安南都護高正平聚斂甚重，引發民怨。同年四月，交州唐林人馮興起兵包圍安南都護府，高正平驚憂而死。《大越史記全書》記載，馮興「豪富有勇力，能排牛搏虎」，乃是一個身有勇力的地方土豪，最初馮興率軍與高正平相持不下，後採用同鄉人杜英翰的建議，圍困都護府，終於將高正平逼至絕境而死。馮興據有府治後不久便去世，其子馮安尊其為布蓋大王（布蓋在越南文中意指父母），同年七月，唐廷遣趙昌為安南都護，招撫馮安，才平定亂事。

除了內亂外，外患也是唐朝統治安南後期的重大威脅，當時安南主要的外患來自南詔。其起因同樣來自安南地方官的貪暴，有都護李琢，強迫當地蠻族貿易牛馬，但每頭只給鹽一斗交換，又殺死蠻族酋長杜存誠，導致群蠻憤怒，於是為南詔軍隊引導，進攻安南，從唐宣宗大中九年（西元 855 年）開始持續十年，安南陷入南詔不時入寇的動亂中，甚至在唐懿宗咸通三年（西元 862 年）時，南詔大舉入寇，以五萬人圍困府城，隔年便攻陷交州，並由南詔將領楊思縉率兩萬人占領該地，據《大越史記全書》記載，城破後遭屠殺者逾十五萬人，其慘烈可想而知。至咸通五年（西元 864 年），唐廷遣總管經略使張茵負責交州事務，令其進軍交州，但張茵怯戰不敢進，驍衛將軍高駢得引薦代之，唐廷任命高駢為都護總管經略招討使。高駢善於治軍，先後多次擊敗南詔軍，咸通七年（西元 866 年）擊敗敵軍，南詔軍被迫退守州城，同年十月，唐軍攻城，又大破南詔軍及聯盟土蠻軍，斬首三萬餘級，唐廷於交州置靜海軍，以高駢為節度使，長達十年的南詔入寇動亂才暫告一段落。

高駢擔任靜海軍節度使直至咸通九年（西元 868 年），《大越史記全書》記載，在高駢任內，修築了大羅城，另外在邕、廣兩州一帶，海路因潛石眾多，容易造成船隻受損，漕運不通，高駢施法召喚天雷將潛石擊碎，越南史學家陳重金則認為所謂「天雷」有可能是高駢使用了火藥。

在高駢之後，在安南擔任過地方首長的唐朝官員有高駢姪孫，交州節度使高鄩（懿宗朝），曾為高駢裨將的安南都護曾袞（僖宗朝），出身安南愛州的敬彥宗，以及朱全忠兄交州節度使同平章事朱全昱（哀帝朝）等人，但史書上相關記載並不多，原因在於此時已到唐末，宦官亂政與藩鎮割據等亂象紛呈，唐朝國勢已是油盡燈枯，對交州無暇南顧，所以史書上對唐末之記載也乏善可陳。後梁開平元年（西元 907 年），朱全忠廢唐哀帝，建立後梁，唐朝滅亡，進入長達七十二年的五代十國紛亂時期，中國王朝對安南之地只剩下名義上的控制，越南人漸取得自主統治之權。

二、五代十國時期

唐哀帝天祐三年（西元 906 年），安南當地土豪曲承裕因性情寬和，富有同情心，被當地民眾推舉為節度使，因唐中央政府對安南已不具管束力，故名義上任命其為靜海軍節度使，並加同平章事，隔年曲承裕卒，其子曲顥繼承其位。

梁開平元年（西元 907 年），任命廣州節度使劉隱兼任靜海軍節度使，並加封南平王，與曲顥形成對峙之勢。梁乾化元年（西元 911 年），劉隱卒，其弟劉巖繼位。梁貞明三年（西元 917 年），劉巖脫離後梁建國，是為南漢，曲顥遣其子曲承美至廣州，名為出使交好，實為窺探虛實，同年曲顥卒，曲承美繼其位。梁貞明五年（西元 919 年），曲承美遣使後梁，獲後梁承認其節度使之職，引發劉巖之不滿，劉巖遣驍將李克正攻安南，擒曲承美，曲氏政權對安南的統治告終。

取得安南後，南漢以李克正與李進駐守當地，但被曲承美部將楊廷藝率兵驅逐，為安撫地方人心，南漢賜與楊廷藝爵位，以李進為交州刺史，對安南進行羈縻統治，而楊廷藝知其實力尚不足與南漢抗衡，故表面臣服南漢，實際上則招兵買馬等候時機。後唐長興二年（西元 931 年），楊廷藝私下積蓄兵馬之事被李進告發，楊廷藝見事機敗露，發兵圍攻李進於州城，南漢遣陳寶率軍救援，但援兵抵達時州城已被攻陷多時，楊廷藝率軍出城，斬殺陳寶，驅逐南漢軍隊，並自稱節度使。

後晉天福二年（西元 937 年），楊廷藝被手下牙將矯公羨弒殺，欲取而代之，後晉天福三年（西元 938 年）十二月，楊廷藝另一牙將吳權起兵討伐矯公羨，矯公羨惟恐不敵，遣使赴南漢求援，南漢也欲藉此機會取得安南，故派遣王之子劉弘操率軍前往，但在援軍抵達前，矯公羨已被吳權所誅，南漢軍失去內應，對安南地理又不甚了解，全軍乘船沿白藤江而上，吳權掌握地利，事先在江中布滿大杙（包有鐵頭之木樁），乘漲潮時以小船邀戰南漢軍，並詐敗誘其深入，及至退潮，南漢軍之大船皆被木樁戳破，

圖 7：描繪白藤江之戰的雕版畫

士兵溺死者眾多，吳權再乘勝追擊，擒殺劉弘操，南漢軍大敗而歸，此即為越南史上著名的第一次「白藤江之戰」。擊退南漢軍隊後，吳權於西元 939 年自立為王，建立吳朝，越南歷史上「第三次北屬時期」至此告終。越史稱曲氏至吳權建國前為「南北分爭」時期。

第四節　北屬中國對安南經濟文化的影響

進入北屬時期後，歷代中原王朝為了維繫對安南地區的控制，故皆加強在此地的同化政策，將典章制度、禮樂詩文與生產方式引進安南，姑且不論其引進之目的，但在引進後確實造成安南地區整體經濟及文化上的重大改變，由部落社會逐步往具有中央集權制度的國家邁進，以下就經濟與文化方面產生的影響進行概述：

㈠經濟方面

在第一次至第二次北屬時期的經濟方面，中原王朝征服交阯後，將地方郡縣行政制度移植至此地，伴隨而來的是稅收制度，而為了使稅收制度得以落實，首先進行的便是改變舊有的生產方式，通過輸入較進步之農耕技術，包括改用鐵製農具、開鑿灌溉溝渠、使用肥料等，廢棄過去火耕水耨的技術，大幅提升了土地的生產力，在增加農產量後，才能確保稅收穩定。如東漢初時錫光、任延分別擔任交阯與九真太守，曾「教其耕稼」，改進農耕技術，具體來說便是引進牛隻為動力拖動犁耕作的方式，在《水經注》中也有記載：「九真太守任延，始教耕犂，俗化交土，風行象林」；而馬援南征時，大軍所至，也「治城郭，穿渠灌溉，以利其民」。都是北屬政權通過引進新技術改變安南經濟型態的明證。除了糧食作物外，最晚在魏晉南北朝時的文獻如《南方草木狀》、《齊民要術》中，已可發現交阯地區多種蔬菜、水果等物產，顯示當地物產的豐富與農業技術的成熟。而在北屬時期改良農業技術後，交阯地區農業得到極大進展，至少在糧食產量上可以推測是穩定且有增長的，這從萬春國時期趙光復、李佛子得以長期與南梁對峙而部隊補給不缺可以推測得知。

及至唐代隨著農業經濟的進步，也帶動其他產業的發展，如農業上需要大量鐵製器械，農產量增加需要容器儲存農作物，生活形態的改變造成民間對碗、盤等日常用具需求增加；修築城郭、廟宇、房舍等建築對磚瓦的需求大增，以及衣著習慣的變化等種種因素使冶鐵業、製陶業、紡織業等產業皆發展起來。此外，安南地區手工業已相當發達，除了前述製陶業、紡織業外，包括造紙及奢侈品製造等也都有相當的成就。

在造紙方面，《南方草木狀》中提到，交阯出產一種蜜香樹，當地人以蜜香樹之樹皮與樹葉來造紙，稱之為蜜香紙，該紙顏色呈現微褐色，有紋路如魚子，極香而且堅韌，浸泡在水裡不會潰爛，是相當珍貴的貢品。晉太康五年（西元 284 年）時有大秦使者進獻三萬幅，從此則可以發現安南造紙業已有相當水準。而在奢侈品製造方面，因安南地區多出產珍奇異寶，北屬王朝常將之利用來製作首飾等奢侈品，使安南地區手工業技術更為精進，在《三國志》中便曾有東吳統治時期徵調上千名手工業者至建業服勞役的記載，可見安南地區手工業的發達。

另外在商業方面，安南地區是北屬時期重要對外貿易之區域。早在漢代，日南郡便成為對外貿易港口，這是由於漢代時將交阯地區治所設於龍編，而龍編位於紅河中游，具紅河樞紐位置，成為交通要衝，雖然其位於內陸，但通過紅河連接至海洋，而位於與海洋交界處的日南便成為其通往海洋的門戶。但在東漢以前，中原王朝對交阯的統治皆只限於羈縻政策，未完全脫離部落統治，一直要到東漢馬援平定二徵叛亂時，通過修訂律令，使安南至少在形式上達到與中原同化，而日南作為國際港市的功能才得以逐漸展現。

從歷史記載中可以發現，各種外國珍寶，從海外抵達中原王朝統治區域的第一站便是日南，如在《三國志》中記載：「日南郡……貴致遠珍、名（明）珠、香藥、象牙、犀角、玳瑁、珊瑚、琉璃、鸚鵡、翡翠、孔雀、奇物、充備寶玩，不必仰其賦入，以益中國也」，而貨物從日南入口後，再沿紅河運送至交阯，故交阯才是真正的國際貨物集散地，而也因為對外貿易帶來的龐大利益，在魏晉南北朝時為交阯控制權發生的爭奪戰時有所聞。

至唐代時，交阯的海外貿易仍然興盛，但此時另外一個國際商港廣州也開始興起，到唐代中葉時，兩者仍處於相互競爭的關係，至晚唐時安南才被完全取代，而被取代的原因，一方面是東亞世界的航海發展至新的階段，掌握季風航海的技術，另一方面則是因為林邑、南詔等外患入侵，造成局勢不穩，以及內政敗壞及政治地位的降低，這主要與當地主管貿易官員過於貪暴有關，導致商人被迫北上尋找其他港口貿易。而雖然安南被廣州所超越，但至唐末時仍然是重要的海貿城市，唐乾符七年（西元 879 年）時，黃巢攻入廣州前與唐廷談判時尚謀求「安南都護、廣州節度使」等職銜，但遭右僕射于琮以南海貿易獲利豐厚，不可落入叛軍之手為由反對，可見當時安南貿易地位仍然相當重要，一直要到擺脫北屬政權自立後，國際商業貿易港的功能才逐漸衰退。

㈡文化方面

在文化方面，最主要的影響是儒家思想與佛教的傳入：

1.儒家思想的傳入

儒家思想是伴隨著北屬王朝的統治而同時被帶進安南。交阯被北屬王朝統治前，尚屬於部落社會，文化程度較為落後，禮法制度、衣著、語言等都頗不完備，從秦末開始有中國人移民至此，才逐漸提升文化水準。而如前所述，自西漢末至東漢，馬援、任延、錫光等人的教化政策，除了改良農耕技術改善人民生活，也引進中原的衣著冠履、婚配媒聘等禮法制度，並建立學校，進一步加深了安南的漢化程度，而其影響最顯著者，便是使不少交阯士人學養可與中原士人比肩，也因此出現李進以交州人任交州刺史，以及交州人李琴擔任司隸校尉的情況，當時文風之盛可見一斑。到東漢末期中原局勢混亂，交州反而相對安定，成為躲避戰亂之所，而在交阯太守士燮用心經營下，中原名士匯集於此，一時間交阯學術與文風大盛，《大越史記全書》等越南史籍都給予士燮極大的肯定。

進入唐朝統治期間，安南大小叛亂與外患不斷，實稱不上安定，但另一方面可以發現，在長期漢化薰陶之下，安南出身的士人才學也越來越高，文風鼎盛，已不遜於中原士人，至唐德宗時，出身安南的姜公輔甚至得以出任宰相之職，乃前所未有之事。姜公輔，愛州日南人，唐德宗時進士，初任校書郎，後以唐德宗為廣納治國之策，姜公輔以直諫而獲重用，擔任翰林學士。唐建中四年（西元 783 年），爆發涇原兵變，姜公輔隨唐德宗出逃，途中多次建議唐德宗需對朱泚嚴加防範，後果如其言，而姜公輔協助唐德宗應對兵變的表現，使其升任為諫議大夫，與同中書門下平章事（同宰相職級）。後因屢次直言極諫觸怒德宗，遭貶為左庶子，後又貶為泉州別駕，唐順宗永貞元年（西元 805 年）起用為吉州刺史，但未上任便於泉州去世，憲宗時追贈禮部尚書。姜公輔以直諫與奇策獲重用，卻也以直諫而遭禍，但從整體來看，姜公輔實乃安南歷史上在中國中央政府任官者政治地位最高之一人，顯示安南士人才學與地位已受到認可，具有重要的歷史意義。

2.佛教的傳入

如前所述，自東漢至六朝，交阯海上交通發達，而佛教也由此傳入安南。佛教在交阯的早期發展，在史籍記載中較為知名的，是東漢末之牟子。時逢東漢末中原紊亂，士燮於交州禮賢下士，名士聞風而聚，牟子也攜母避世於此。牟子原習經傳諸子，博覽群經，也讀兵法與神仙不死之術，避居交州期間，對自中原南下之神仙方術者多有懷疑，後因好玄理而改學習佛法，他著有《理惑論》，貶抑百家經傳學說，駁斥神仙方術，使佛教脫離與神仙方術相結合之局面而得到自立，呂士朋教授認為此乃佛教時代精神的一大轉變。此外，呂教授也指出，漢代佛教附於方術，魏晉佛教則崇尚老莊，牟子之思想介於兩者之間，恰反映了佛教由漢代往魏晉演變過程中的過渡情形。

在牟子之後，交阯佛法開始興盛，在東吳統治時期，對佛教傳播較重要的有高僧康僧會。康僧會之祖上為康居人，後世居天竺，至康僧會時隨父前往交阯經商，惟十餘歲時父母雙亡，於是在交阯出家，東吳赤烏十年（西元 247 年）至建業，孫權受其感化，為其興建建初寺，此後佛法得以在江南流布興盛。呂士朋教授認為，佛教在江南的發展應非康僧會一人之功，但以其在佛教史上之地位，以及其在交阯出家，或可說明交阯佛教的興盛，也影響了江南佛教的傳播。康僧會後有西域僧人支疆梁接在交阯翻譯《法華三昧經》。

陳太建十二年（西元 580 年）胡僧毗尼多流支從長安南下交阯弘傳禪宗。七至九世紀安南佛寺遍及各地，唐僧無言通拜百丈懷海為師，於唐元和十五年（西元 820 年）從廣州渡海安南，在河內建立建初寺，成為境內最大的佛寺。大唐僧人義淨曾記載安南僧人運期、解脫天等同往印度求法取經。可見此時佛教在越南進入興盛時期。

第 II 篇

越南自立時期的發展過程

第三章 *Chapter 3*

越南自立建國時期

第一節　吳權建國與丁黎兩朝

一、吳　朝

吳權（西元 898～944 年）建立吳朝（西元 939～967 年），一般認為是越南史上自立時期的開端。《大越史記全書》稱吳權為前吳王，據書中記載吳權「目光若電，緩步如虎，有智勇，力能扛鼎」，為一智勇兼備的領袖人物，他最初在楊廷藝手下擔任牙將，獲楊廷藝的賞識，將女兒嫁給吳權為妻。吳權建立吳朝後，定都於螺城，立妻子楊氏為皇后，並制定官職、朝儀、服色等制度，初步完成王朝的架構建置，但吳權在位統治時間並不長，於西元 944 年薨逝，死前遺命妻舅楊三哥輔佐其子，但楊三哥於西元 945 年篡位，稱平王，吳權長子吳昌岌（？～西元 954 年）出逃，躲藏於茶鄉范令公處，楊三哥便收吳權第二子吳昌文（？～西元

965 年）為義子，並繼續派人搜索吳昌岌，但始終沒有找到。

西元 950 年，楊三哥派遣吳昌文率兵平定太平、唐阮兩地之動亂，據《大越史記全書》記載，吳昌文對楊三哥篡位積怨已久，又認為將攻伐之地的居民實屬無辜，在行軍至半途時，心中產生反意，但猶豫不決，於是詢問麾下將領意見，「如果大家跟隨我返回攻打平王，恢復我祖先的事業，如何？」在得到麾下將領的支持後，吳昌文率軍反攻楊三哥，楊三哥兵敗被擒，部下原本主張將其殺死，但吳昌文以楊三哥對自己有恩，不忍心殺害，僅將他貶為張楊公。

吳昌文奪回政權後，自稱南晉王，遣人迎回兄長吳昌岌，稱天策王，兩人共理國事，初期兩人尚稱兄友弟恭，但一段時日之後，吳昌岌擅作威柄，吳昌文感到失望而不再過問國事，兩人因而產生嫌隙。西元 954 年，吳昌岌過世，吳昌文重新掌管國政，而由於自吳權稱王以來，始終無法完成真正的統一，地方上仍有許多豪族盤據，因此吳昌文在同年派遣使臣到南漢稱臣，獲得靜海軍節度使兼都護的官職，藉以強化其統治的正當性，也因為吳昌文此種稱臣的行為，讓部分越南史學者認為，此時期的越南實際上仍未取得自主權。

西元 965 年，吳昌文率軍進攻太平、唐阮二村，在督戰時被伏弩所射殺，吳昌文戰死，由其姪吳昌熾繼立，但朝廷的實力已大為低落，只能以吳使君之名號割據一方，這段時間由十二名勢力最大之軍閥割據各地，在越南歷史上稱為「十二使君」時期，全國又再度陷於混戰局面。

二、丁　朝

圖 8：丁部領

丁朝的開國者為丁部領（西元 924～979 年），出身華閭洞，其父丁公著（西元 762～826 年）曾為楊廷藝手下之牙將，官拜驩州刺史，後追隨吳權，但不久便去世，其妻譚氏帶著丁部領遷居洞山神祠側。丁部領年少時常與其他牧童一起放牛、遊戲，當時他就展現出與眾不同的氣度與領導才能，被其他牧童推舉為首領，讓他假扮皇帝坐上轎子，旁邊的人還左右列隊，手持蘆花當作天子儀仗一般。在閒暇時，丁部領則會率領牧童與其他村落兒童交手，所到之處兒童無不攝服，各村父老對他的能力感到訝異，口耳相傳丁部領未來不可限量，故許多部眾前來投靠，並推舉丁部領為首領，使他勢力逐漸茁壯。

等丁部領年歲稍長，已在華閭洞一帶形成割據勢力，其叔父丁預割據梵冊，雙方勢力交戰，初始丁部領兵力不足而敗退，傳說他逃至譚家娘灣橋時，橋樑毀壞，陷於泥沼中，丁預正想殺死丁部領時，忽然看到有兩條黃龍環繞在丁部領的身上，丁預因而畏懼逃離，丁部領才得以保住性命，之後收攏部卒，與丁預再次交鋒，迫其投降。

在吳朝吳昌岌、吳昌文兄弟統治期間，丁部領已割據華閭洞，吳朝派出軍隊前往鎮壓，丁部領自知不敵吳朝軍隊，派遣長子丁璉（？～西元 979 年）入吳朝為人質，但吳氏兄弟以丁部領不臣為名義，挾持著丁璉進攻華閭洞，丁部領死守不出，逾月仍未被攻破，吳氏兄弟情急之下，將丁璉懸於竿上，威脅丁部領投降否則殺害其子，丁部領大怒，認為「大丈夫以功名自許，豈效兒女之愛子耶？」於是下令用十餘把弩弓向丁璉齊射，吳氏兄弟沒有料想到丁部領如此的殘忍殺戮，連自己的兒子都可以捨棄，大驚而退，後吳昌文在戰爭期間被伏弩所殺，丁璉乘機逃回華閭洞。

吳昌文死後，時局再次陷入動亂，十二使君割據各地，丁部領得知其中割據布海口的陳覽（陳明公）有德無嗣，所以與兒子丁璉前往投靠，陳覽對其相當器重，視其為子，委以重任，將所屬軍隊權交由丁部領率領，丁部領得到陳覽支持，實力大增，軍隊所到之處，所向披靡，有「萬勝王」的稱號。丁部領將陳覽外之十二使君個個擊破，其中盤據藤州的范防遏（西元 910～972 年）投降，成為親衛將軍。

西元 968 年，丁部領掃平群雄，完成統一安南，建立丁朝（西元 968～980 年），國號大瞿越，定都於華閭，丁部領得眾臣上尊號「大勝明皇帝」，乃是越南史上第一位稱帝者，故也有越南史學者認為，越南真正脫離中國而獨立，應該自丁部領開始。

丁部領有鑑於安南長期的動亂，改採嚴刑峻法，如《大越史記全書》中記載他曾使用大鼎施行烹刑，也豢養猛虎，以犯人為猛虎之食，法律極為嚴苛，但越南歷史學者陳重金便認為，當時大瞿越因歷經長期的動亂，人民多數沒有守法的概念，必須實施嚴刑峻法才能矯正當時的社會秩序。此外，丁部領也著手建立朝儀、軍制、冠服、文武僧道階品等制度，讓大瞿越粗具國家之規模。

然而，丁部領在開國與建立制度方面雖頗有建樹，但在傳位的安排處置上，卻是決策錯誤，並間接導致丁朝的覆亡。丁部領之長子丁璉，自丁部領勢力尚未壯大時，便隨著他征戰四方，立下不少汗馬功勞。大瞿越建國後，丁璉又受封為南越王，並曾在西元 972 年奉派出使北宋，足見丁部領對其之倚重，而以其嫡長子的身分，應即是皇位必然繼承人，但丁部領卻寵愛幼子丁項郎（？～西元 979 年），於西元 978 年改立丁項郎為皇太子，使得丁璉極度不滿，欲除之而後快。於是在西元 979 年，丁璉先下手為強，派人將丁項郎暗殺，導致父子二人產生嫌隙；而在同年，秖候內人杜釋（？～西元 979 年）叛變，乘丁部領夜宴後，醉臥庭中時將其殺害，丁璉也在軍事叛變中遭到殺害，最後亂事被定國公阮匐（西元 924～979 年）所平定，但丁朝至此國勢日衰，阮匐與十道將軍黎桓（西元 941～1005 年）擁立丁部領次子丁璿（西元 974～1001 年）繼位，尊其母楊后（西元 952～1000 年）為皇太后。

丁璿繼位時年僅六歲，實際上只是個傀儡，十道將軍黎桓以攝政之名，掌控朝政，並與楊太后私通，引起了定國公阮匐等舊臣心中的不滿。阮匐遂與丁佃、范盍等人合議起兵，分水陸兩軍討伐黎桓，但黎桓分別在陸戰與水戰中兩次擊敗阮匐等人的軍隊。在將反對勢力擊潰之後，黎桓更加權傾朝野，基本上要取得皇位已經易如反掌，而北宋的南侵為他提供了篡位的良機。

丁部領與丁璉被弒殺的消息傳入中國之後，知邕州（今廣西南寧）太常博士侯仁寶（？～西元981年）上書宋太宗（西元939～997年）請求出兵，藉此良機收復安南之地，回復漢、唐疆域，宋太宗大喜，接納侯仁寶的建議，但惟恐事跡洩漏，故令侯仁寶不須進京面聖，直接任命其為交州陸路水路轉運使，並選派荊湖士卒三萬人前往征伐。

大瞿越國得知宋軍入侵的消息之後，楊太后下令黎桓率軍前往抵禦，並以黎桓之心腹范巨倆（西元944～984年）為大將軍。然而正在整軍準備出發時，卻上演了一齣「黃袍加身」的戲碼。當軍隊整裝出發之前，范巨倆等將領認為當今皇上年紀太小，即使大家非常努力、竭盡全力抵抗敵人而有所貢獻，但這樣的犧牲奉獻有誰知道？他們以這樣的理由，煽動軍隊人心，要求出兵前先立黎桓為天子，軍隊齊呼萬歲，楊太后眼見情勢如此，只得命丁璿禪位於黎桓。表面上楊太后與幼帝是在軍隊逼迫下退位，但從黎桓掌控朝政，並與楊太后私通等等的跡象判斷，所謂「黃袍加身」很可能皆由黎桓與其黨羽以及楊太后等人合謀策畫，利用北宋南侵的危機展現其眾望所歸的威勢，達到逼迫丁璿禪位之目的。

黎桓繼位後，改元天福，建立前黎朝，一方面整軍備戰，一方面派出使者冒稱丁璿之名義，請求宋朝冊封，宋使提出兩種方案讓黎桓選擇：由丁璿任統帥，黎桓為副帥；或由黎桓任統帥，將丁璿母子送往宋朝。而因黎桓遣使之目的在拖延時日，故此兩種方案皆被否決。西元980年，侯仁寶所率陸路軍抵達，一路南攻，勢如破竹，水路軍則因白藤江中有黎桓派人設置的木樁而難以前進；西元981年春，侯仁寶率陸路軍主力長驅直入，其餘部隊等候水路軍會合，黎桓抓準宋軍深入腹地，援軍無法及時抵達的弱點，詐降使侯仁寶放鬆戒心，再施以夜襲，使侯仁寶被擒殺，黎桓乘勝追擊，宋軍大潰而退。解除宋軍入侵的危機後，國內局勢基本上趨於穩定，群臣上黎桓尊號稱「明乾應運神武昇平至仁廣孝皇帝」，創建黎朝，史稱前黎朝（西元 981～1009 年）。

三、前黎朝

黎桓正式登基後，冊立了包括前朝楊太后在內的五名皇后，但黎桓身為臣子與楊太后私通，在登基後甚至立其為后一事，畢竟與禮法倫常不符，故常遭到後世史家的批判，如《大越史記全書》便認為黎桓破壞禮法、樹立惡例，其子後來效法之，因而埋下國家敗亡的遠因。

雖然國內局勢尚稱穩定，但因北有宋朝、南有占城（即林邑，晚唐稱環王或占城），皆屬外在威脅，故黎桓對內重視軍事的改革，一方面分封范巨倆等有功之臣，使他們掌管軍事，一方面改革軍制，採取徵兵制，並分封諸子為王，鎮守各地，但因黎桓的高壓統治，各地叛亂情形頻仍，黎桓仍時常需親率軍隊平亂。

在外交方面，黎桓雖驅逐宋朝軍隊，但畢竟兩國國力落差甚大，故黎桓對宋朝採取守勢，曲意順服，曾在宋太平興國八年（西元 983 年）遣使赴宋通好，宋雍熙二年（西元 985 年）又遣使赴宋求領節度使之職；宋雍熙三年（西元 986 年）獲封安南都護靜海軍節度使京兆郡侯，但黎桓對宋朝之順服只在表面，內心仍暗蘊不臣之心，如宋淳化元年（西元 990 年）宋遣使赴大瞿越加封黎桓為特進，《大越史記全書》記載，宋使抵達時，黎桓親自前往迎接，卻以腳傷為由，堅持不下拜，其不臣之心可說昭然若揭，但當時宋朝正全力抗衡北方遼國之強大威脅，黎桓的不臣與之相較，不過癬疥之疾，故得到容忍。

對於位居南方的占城，黎桓則採取攻勢。黎桓登基後曾遣使占城，但使節被占城所擒，故黎桓在驅逐宋軍之後，於西元 982 年御駕親征，發動對占城的進攻，此戰役大瞿越軍隊獲得大勝，繳收戰利品無數，並於陣前斬殺占城王篦眉稅（即波羅密首羅跋摩一世，西元？～982 年），破毀宗廟，並將其城池夷為平地，占城幾乎滅國。西元 983 年，大瞿越管甲劉繼宗遁往占城，假冒占城國王名義向北宋納貢，黎桓遣其養子殺之。而對占城的攻伐，也間接促進了水路交通的發展，原因是在進攻占城途中，路途艱險，難以往來，故黎桓命人開闢港口，方便水陸運輸。

黎桓於西元 1005 年崩逝，號大行皇帝。他在位期間分封諸子為王，希望以此鎮壓叛亂，但在他死後，此政策卻成為諸子擁兵爭位的導火線。黎桓死後，以其子南封王黎龍鉞（西元 983～1005 年）繼位，但因諸子皆擁兵權，東城王、中國王、開明王皆興兵爭奪皇位，使黎龍鉞長達八個月無法順利登基，其後亂事稍微平定，黎龍鉞才正式即位，即為前黎中宗，但即位才三日，便被其弟開明王黎龍鋌（西元 986～1009 年）弒殺奪位。史書上記載，黎龍鋌因荒淫酒色而得痔疾，無法安坐，故臥而視朝，號「臥朝皇帝」。

在史書中，臥朝皇帝除了曾遵宋制，改文武臣僚僧道宮制及朝服外，並遣使宋朝，獲封交阯郡王與靜海軍節度使，其餘的國內重要建樹並不多，反而較為知名的是他殘忍暴虐的性格。據《大越史記全書》記載，他喜好用樹芽捆綁犯人，再以火焚燒，等犯人快死時，再派遣寵幸的優伶廖守心持短刀凌遲，不讓犯人立即死去，以此取樂；或把爭戰中俘獲的蠻人關進江邊的水牢，等到漲潮的時候將他們淹死；或是逼迫犯人爬上大樹的頂端，再把大樹砍倒，讓犯人摔死。此外，如在僧人頭上削甘蔗，假意失手砍傷僧人，使其頭破血流；或將貓做成菜餚宴請諸王，等吃完再將貓頭拿出展示，讓諸王畏懼等等，諸如此類事蹟，可以了解臥朝皇帝乃以殘殺酷虐為樂之人，故民怨沸騰。西元1009年，臥朝皇帝崩於寢宮，其子黎龍乍年方十歲，引發叔父黎明昶等人野心，欲奪皇位，但黎氏統治已不得人心，朝中大臣陶甘沐（？～西元1015年）等人乘此良機，擁立殿前軍指揮使李公蘊（西元974～1028年）為帝，推翻黎朝。

圖9：李公蘊

第二節　李朝時代與科舉考試的建構

一、李朝開國初期的內政與外交

李公蘊於西元1009年即位，開創李朝，史稱李太祖。李公蘊為古法村（今北寧省東岸縣）人，其父不詳，《大越史記全書》等越南史書託辭為其母與神人相遇所生，但也有部分中國古籍如《夢溪筆談》記載李公蘊是來自中國的福建，他在三歲時被古法寺法師李慶文收為養子，取名為李公蘊。

李公蘊年少時便極為聰慧，當時知名的高僧萬行遇見他時，曾斷言他非常人，將會成為天下明主，李公蘊成長之後，未事生產，胸懷大志，多涉獵經史，前往華閭為前黎朝效力，在黎中宗時擔任殿前軍，黎中宗被弒時，滿朝文武盡皆逃離，惟有李公蘊抱屍痛哭，讓黎龍鋌認定李是忠義之臣，故封其為四廂軍副指揮使，後累官至左親衛殿前指揮使，而也因為這個原因，當前黎朝末年有讖語流傳，暗示李姓將取前黎朝而代之時，黎龍鋌大舉誅殺李氏族人，惟獨沒有懷疑李公蘊，讓他得以保存性命。《大越史記全書》記載，讖語流傳後，高僧萬行（西元938～1018年）找到李公蘊，勸他發難，李公蘊恐懼言語洩漏，將萬行藏匿山中，但也因此相信自己身負天命，萌生取黎朝而代之的野心，於是開始收買人心、豐厚羽翼。西元1009年黎龍鋌崩逝，李公蘊率軍宿衛，在萬行與陶甘沐等人的謀畫下，順利奪取政權，建立李朝（西

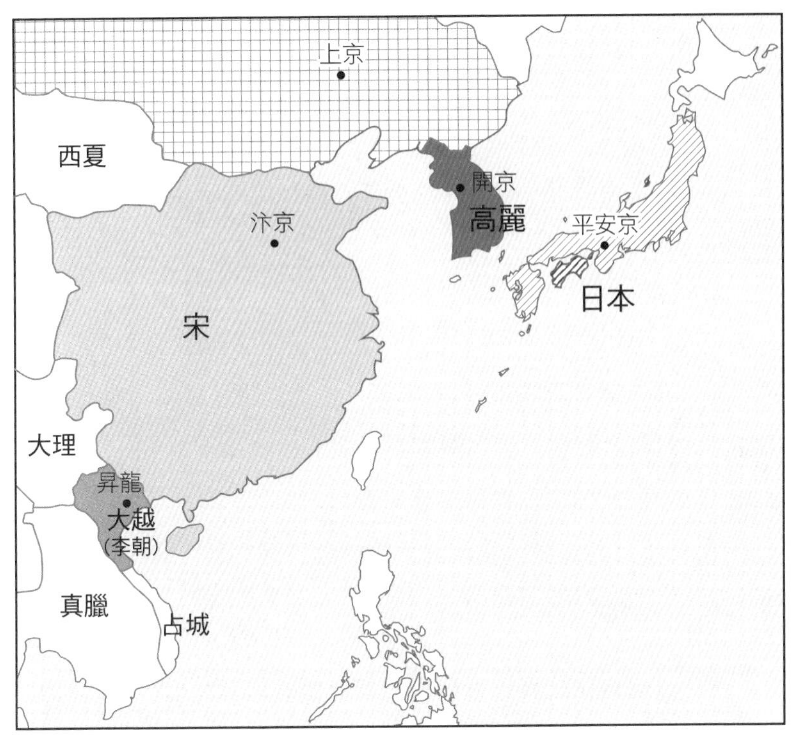

圖 10：十一世紀初的東亞

元 1010～1224 年）。

李公蘊即位後，有感於丁、黎兩朝之首都華閭太過狹窄，所以效法中國上古商、周遷都，遷都至大羅城，並改名為昇龍（位於今日河內）。在內政方面，分全國為二十四路；分封諸子為王，並沿襲前朝，同樣命諸子率兵平定地方叛亂；此外改定稅制包括潭池田土、桑州錢穀、山源藩鎮產物、關隘譏察鹹鹽、蠻獠犀象香料、源頭木條花果等都要收稅，並由各王侯公主掌管稅收。

外交方面尚稱穩定，在應對北面的宋朝方面，西元 1010 年，曾遣使赴宋修好，宋冊封李公蘊為交阯郡王，西元 1016 年又加封其為南平王；而處於南方的占城與真臘，皆曾遣使入貢，西元 1011 年占城曾遣使入貢獅子，真臘國則曾經在西元 1012 年、1014 年、1020 年、1025 年四次入貢。但李公蘊在位期間也曾對外用兵，如西元 1020 年時，李公蘊曾命開天王李佛瑪率兵南攻占城。

由於李公蘊年少時長於寺院，對佛教有深厚的情感，故即位之後也推行不少振興佛教的政策，包括在開國初期，便曾多次修造寺廟，而有鑑於戰亂帶來的損害，也命諸鄉邑所有寺觀已經頹毀者，皆予以重修，且曾數度為民眾剃度為僧，此外，在西元 1018 年曾遣員外郎道清等出使宋朝，求得三藏經返回，西元 1021 年又起八角經藏，並數次下詔抄寫三藏經，從這些政策都可看出他是一個熱衷於佛教的帝王。

圖 11：河內的鎮國寺

西元 1028 年三月，李公蘊崩逝，遺詔由太子李佛瑪（西元 1000～1054 年）繼位，但因李公蘊沿襲前朝諸皇子封王並得領兵平叛的惡例，使諸王擁兵奪位的戲碼再次上演。李公蘊駕崩後，群臣請太子李佛瑪進宮即位，東征、翊聖、武德三王率府兵埋伏在禁城中，欲伺機奪位。李佛瑪入宮後驚覺有變，下令閉門守備，由於叛亂者為自己的兄弟，父親屍骨未寒，便要討伐自己的兄弟，使李佛瑪猶豫不決，在眾大臣的勸說下，李佛瑪決定由臣下領軍平叛，雙方交戰，武德王被斬殺，東征、翊聖二王敗走，後投降請罪，得赦免。平定叛亂後，李佛瑪得以順利繼位，改元天成，是為李太宗。自太宗開始，規定每年百官需至銅鼓神廟盟誓其忠孝，如有未到者處以杖刑。

在內政方面，李佛瑪進行部分政策的改革，如在律法方面，較為顯著的有修改刑律，西元 1042 年，有鑑於天下獄訟煩擾，法吏拘律文務為深刻，甚者或至枉濫的情況，下令刪定律令，並視實際狀況採用較為適用之法條，重新編訂一部刑律；並放寬律法上監禁刑罰之規定，即除十惡不赦者外，皆放寬標準讓犯人得以金錢贖罪；同時禁止販賣「黃男」（十八歲以上之男性）為奴，買賣者處以杖刑；此外尚有減免賦稅、設置驛站傳遞公文等措施。

內政方面，另一個值得注意的是頻繁的地方動亂，越南史學者如陳重金等皆指出，李佛瑪即位後，對於國內各地的控制，包括軍、政等要事皆交由各州牧負責，而未另設節鎮，對於邊區未開化之少數民族則仍交由其酋長間接統治，這導致了統治地方者職權過大，故在李佛瑪當政時常有地方叛亂發生，在《大越史記全書》之記載中，李佛瑪在位期間，便有十五次地方叛亂的紀錄，也使他必須多次御駕親征平定叛亂。

而在眾多地方動亂中，聲勢最大且時間最長的，應屬廣源州儂存福（？～西元 1039 年）及其子儂智高（西元 1025～1055 年）的叛亂。廣源州處於宋、越邊境，雖名屬宋朝轄下之羈縻州，但同時也順服於大瞿越李朝之統治，成為兩國之緩衝地帶，由儂氏一族世代統治。西元 1038 年，儂氏首領儂存福兼併其弟與妻弟之領土，據有廣源州全境，自稱昭聖皇帝，叛離大瞿越，建立長生國。西元 1039 年，李佛瑪御駕親征，儂存福等人被擒，惟有其妻阿儂與其子儂智高逃脫，隔年儂存福等人被押赴昇龍斬殺。西元 1041 年，儂智高復叛，建立大曆國，迅速被李朝軍隊平定，惟李佛瑪憐憫儂氏父兄皆被誅滅，赦免儂智高，再任命他管理廣源州，並增加雷火、平安、婆四洞及思琅州等地。西元 1043 年，李朝加封儂智高太保職，西元 1044 年，儂智高曾至昇龍覲見，到了西元 1048 年，儂智高復叛，但迅速遭平定，然儂智高野心不改，於西元 1052 年復叛，建大南國，獨立於宋、越兩國之間，並將攻擊目標轉向宋朝，侵入宋境大肆燒殺擄掠，一度圍攻廣州城五十天，情勢緊急。宋廷自西北前線調兵遣將，遣名將狄青（西元 1008～1057 年）率軍伐儂智高，同時本欲要求大瞿越出兵北上夾擊儂智高，但狄青認為借越軍平亂，若亂平後越軍有意侵略而不離境，反而尾大不掉，故作罷；而儂智高方面也向大瞿越請求援軍，得到李佛瑪同意出兵，但援軍尚未抵達，大南國軍隊已被狄青擊潰，儂智高逃往大理，被大理斬首獻於宋廷，大瞿越軍隊則退回境內。

李佛瑪任內另一項重要的對外用兵，乃是對占城的征伐。當時的占城處於第八王朝，李佛瑪仍為太子時，便曾率兵進攻占城，對占城造成極大的傷害，此後在他在位初期，陸續有占城王子及居民前來投靠，至西元 1044 年，以李太祖去世十六年，而占城皆未遣使入貢為藉口，再度對占城發動戰爭，軍隊攻入占城境內，占人不戰而潰，此役占主乍斗被殺，擒獲五千人及馴象三十餘頭，其餘占軍皆被殺；七月攻入占城首都佛誓城，占城第八王朝滅亡，此後占城開始向大瞿越進貢。

西元 1054 年十月，李佛瑪崩逝，太子李日尊（西元 1023～1072 年）即位，改國號為大越，是為李聖宗。李日尊是秉性仁德之君主，他致力於提倡儒家文化，是越南歷史上創建文廟並祭祀孔子的皇帝。此外，曾在天寒地凍時，對囚犯發起憐憫之心，下詔發給犯人衾席，並增加每日食物供給次數。在內政方面，也進行兵制改革，定軍隊稱號，如御龍、武勝、龍翼、神電、捧聖、寶勝、雄略、萬捷等號，並分為左右軍，於額頭黥紋「天子軍」三字，軍隊共分為一百隊，每隊陣中皆備騎兵與投石兵。

對外關係方面，對北方的宋朝大體上維持穩定關係，西元 1059 年、1060 年時曾與宋朝爆發小規模的戰鬥，但西元 1064 年時，仍遣使赴宋，獲得加封為開府儀同三司及南平王；其他南面各國，包括占城、真臘、牛吼、哀牢等國都曾遣使入貢。西元 1068 年，占城入貢白象，但未久又派兵北侵，隔年李日尊御駕親征，擒獲占王制距及俘虜五萬人，占王被迫割讓地哩、麻令、布政三州後，才被釋放。

李日尊在位期間不長，西元 1072 年，以 48 歲之壯年崩逝，太子李乾德（西元 1066～1127 年）繼位，是為李仁宗，但繼位時年方七歲，故由太師李道成、太尉李常傑、皇太后楊氏及母親倚蘭皇太妃黎氏輔政。

二、李仁宗的政策與科舉制度的建立

李乾德在任期間，在內政上推行一系列重要的改革措施，如官制方面西元 1089 年制定文武、從官及雜流等官職，將官員分為文武二流，又各分為九品，包括中央與各級地方官吏及職權事宜，都加以規範。此外，還有徵兵制的推動，如西元 1118 年下令詔選民兵、黃男，以大黃男中壯勇者充玉階、興聖都及御龍兵三百五十人。而在皇位繼承上，因李乾德無子，故西元 1117 年以弟崇賢侯之子李陽煥（西元 1116～1138 年）為太子，繼承大統。

而在外交方面，不論北向或南面，皆積極的對外用兵。西元 1075 年開始，宋、越兩國爆發了大規模的戰事，在中國方面稱為宋、越「熙寧戰爭」。此戰的主因，在於北宋神宗熙寧二年（西元 1069 年）開始，王安石（西元 1021～1086 年）進行變法，因施行過急、用人不當等因素招致眾多反對，王安石欲立軍功，以證明其變法之成效。據《大越史記全書》記載，王安石取得錯誤情報，以為大越被占城所破，想乘大越國力薄弱，遂兵鋒南指。為對大越用兵，先後以沈起、劉彝等主戰派官員出知桂州，尤以劉彝最為積極，一方面組訓軍隊、修繕器械舟船，一方面阻斷與大越之貿易，大越致書宋朝詢問，其信件又被劉彝扣留，使大越方面深感有異，察覺王安石等主戰派欲對大越用兵之意圖，故決定先下手為強，搶占先機進攻宋朝。

西元 1075 年，大越軍隊十餘萬以太尉李常傑為首，進攻宋朝，連陷欽、廉、邕等州，宋朝方面死傷慘重，僅邕州一地就遭受越軍屠殺五萬八千餘人，欽、廉州死亡人數則有幾十餘萬人之多。西元 1076 年，宋朝以郭逵和趙卨為首，開始領軍反攻，同時派遣使節前往占城、真臘要求出兵，聯合打擊大越國，春三月時兩軍相遇於如月江，宋軍攻勢略微受挫，此後宋軍轉進，在富良江與越軍再次遭逢，越軍以船艦阻攔宋軍，宋軍則以弓弩、機石攻擊，越軍遭受極大的損傷。為避免久戰不利，大越遣使赴宋請求停戰，宋朝方面也因為損傷頗重，僵持日久恐怕死傷更多，故在占據廣源州後同意罷兵。

對南面的占城，李乾德在位時期也曾發動數次進攻，首先是在西元 1075 年，命李常傑率軍攻占城，但並未攻克，李常傑繪製布政、地哩、麻令三州的山水形勢圖就北還。第二次則是在西元 1104 年，大越有反叛者李覺逃亡到占城，向占王透露大越的虛實，占城軍隊在占主制麻的率領下北伐，被李常傑所擊退，占城被迫割讓土地以求和平。

而在李仁宗時期最值得注意的政策是在選才育才方面的突破。李仁宗在位時首次推動以科舉考試選才任官，這也是越南進入自主時期後的首創之舉。與李朝同時期的宋朝極為崇尚儒學，故李朝皇室雖然崇佛，但受到中國文化的影響，儒學也逐漸受到重視，如前述曾提到李聖宗在位時，曾建設文廟並祭祀孔子，便是來自於此，而受中國儒家學風影響的另一方面，則是李仁宗時期的首次開科取士。首先是在西元 1075 年，朝廷下詔舉辦選取明經博學及試儒學三場，在此次考試中考取狀元的黎文盛旋即被朝廷任用，擔任李仁宗之帝師。此後在西元 1076 年，又選拔有才者任官，擢地方賢良中有文武才者，命以管理軍民。並設立國子監，派選文職官員識字者進入國子監就讀。同時，對於直接與百姓接觸之吏員的才幹訓練也極為重視，如在西元 1077 年，進行官員有關書、算、刑律的考試。西元 1086 年時，再設置翰林院，考選天下有文學者，充任翰林院官員。到西元 1195 年時，李高宗開創儒、釋、道三教考試，除了在昇龍城舉辦考試之外，地方上也舉

圖 12：河內文廟

行鄉試，通過中央與地方兩級制的考試制度來開科取士。

據中國學者郭振鐸、張笑梅的研究，越南李朝開科取士主要集中在李仁宗、李英宗、李高宗等三朝，三位帝王在位期間分別開科考試一次，取士從十到二十人不等，而郭、張兩位學者也認為，李朝推動科舉制度，與土地私有制及相應的地主階層的興起有密切的關係，因李朝開國後，土地私有制逐步擴散到全國各地，李朝政府也順應此潮流，賜與土地給科舉得官者，使得他們也成為地主階級，並通過鼓勵土地私有制來增進稅收與經濟發展。

三、李朝中晚期的內政與外交

西元 1127 年，李乾德崩逝，太子李陽煥繼位，史稱李神宗。大越李朝自李公蘊開國，至第四任君主李乾德為止，可說是越南史上整軍經武，對外擴張領土極為積極的一段時期，也的確取得相當大的成果，但在李陽煥即位之後，國策轉為守勢，而接下來幾位國君繼位時都是年齡尚幼，朝政基本上由權臣所掌握，國內局勢趨於混亂，而國力也自此衰落。

李陽煥即位時年僅十三歲，由太尉黎伯玉等人輔政，其在位期間的政策包括：大赦犯人、歸還籍沒的官民之田，並准許官兵每六個月才更番，讓其可以從事田作。關於這些政策的褒貶不一，如大赦犯人的次數便達八次之多，故史官吳士連也指出：犯人所犯的罪責，因為情節不同而有所差異，當然責罰的刑罰不一樣，怎麼可以一體適用特赦？如果一律給予特赦，則會縱放不肖之徒，這實在不是老百姓之福，認為李陽煥在位期間大赦次數太過浮濫。

外交方面，北面的宋朝遭金國南侵，已偏安江南，是為南宋，其國力也無暇顧及大越，故兩國保持穩定關係，西元 1130 年，南宋冊封李陽煥為交阯郡王。而在南面的占城與真臘，則開始對大越發動攻擊，在《大越史記全書》記載中，西元 1128 年正月到西元 1137 年正月間，真臘與占城多次入寇，雖然都被大越擊退，但大越都只採取守勢，已無復李朝前四帝數次進軍至占城國都，並覆滅其國的威勢。

西元 1138 年，李陽煥崩逝，在位僅十年時間，三歲的太子李天祚（西元 1136～1175 年）即位，是為李英宗。因李英宗年幼，故由其母黎太后（？～西元 1161 年）及權臣杜英武（西元 1114～1159 年）等人輔政，根據耿慧玲教授的研究指出，李朝前期的重要軍政人物，如歷侍三代的李常傑，及李神宗時期的太尉黎伯玉等人，通過其背後的家族勢力相互連結，形成了足以影響朝政的政治網絡，身為這些重要軍政人物族裔的杜英武，之所以得以崛起成為權臣，便與他承繼了這個政治網絡的權力遺產有密切關係。杜英武之跋扈，一方面在於皇帝年幼，另一方面則來自於他與太后有私通之情，在這種情形下，杜英武更加驕橫，當時的人說，他上朝時經常對於其他人視為無物大聲斥責，對於下屬官吏則隨意召喚，眾人雖然感到憤恨卻也不敢多說。當時殿前指揮使武帶等人認為杜英武權勢過大，於是設計將杜逮捕下獄，欲將其殺害，但黎太后暗中賄賂武帶，使杜英武遭釋放，其後黎太后又設計讓杜英武恢復原職，杜英武得再度輔政並復任太尉之職，更加大權在握，遂對設計捕捉他的政敵進行報復，施以梟首或流放等酷刑。

而對杜英武權傾朝野之情況，因尚有蘇憲誠等忠於皇室的重臣，故能稍起制衡之效，越南史家陳重金便認為因蘇憲誠（？～西元1179年）等人在朝中為官，才使杜英武未行篡逆之事。

李天祚在位期間，內政方面未有太大建樹，但曾爆發過頗具規模的叛亂，西元1140年，卜者申利自稱是李仁宗的私生子，聚集亡命之徒八百餘人，於太原地區作亂，西元1141年，申利自號平王，立其妻妾為皇后、夫人，子為王侯，並分封黨羽官爵，兵勢凶猛，屢次擊退官軍，並攻陷多處州縣，情勢緊急之下，朝廷派遣杜英武前往討伐，申利遭擊退而逃往諒山，被蘇憲誠活捉。

在外交方面，北面的南宋傾全力應付金國而無力南顧，故與大越維持平穩的外交關係。西元1139年，宋朝冊封李天祚為交阯郡王。雖然南宋偏安江左，但越南仍然朝貢不絕，且態度恭謹，感動了南宋朝廷，故在西元1164年冊封李天祚為安南國王。越南在南面則曾介入占城的王位爭奪戰，西元1152年時占城國王制皮羅筆與其妻兄雍明些疊相攻，雍明些疊戰敗，逃往大越，請求大越出兵助其登基為王，李天祚遣李蒙率五千餘人赴占城擁立雍明些疊為王，但被制皮羅筆所斬殺。西元1154年，制皮羅筆將其女嫁給李天祚，換取雙方關係的穩定。西元1166年，占城遣使入貢途中，以所屬軍隊劫掠沿海。西元1167年，大越以蘇憲誠領軍伐占城，迫使占城遣使請和，此後占城臣服於大越，進貢不絕。另外，在西元1159年則有牛吼蠻與哀牢的叛變，被蘇憲誠率兵平定。

西元1174年，太子李龍昶（西元1151～1181年）私通宮妃遭廢為庶人；西元1175年，立幼子李龍翰（西元1173～1210年）為太子，由太傅蘇憲誠輔政，同年李天祚崩逝，由時年三歲之李龍翰繼位，是為李高宗。李龍翰繼位初期，因蘇憲誠輔政之故，一方面瓦解擁立廢太子復辟的陰謀，一方面則推動選壯丁為兵與裁汰冗官的政策，局勢尚稱穩定，因其文武全才，又忠於皇室，越南史家陳重金將其比擬為諸葛亮一般的人物。西元1179年，蘇憲誠卒，隨著李龍翰成長並親政，朝政開始敗壞。當時盜賊漸起，帝頗徇財貨，群臣多賣官鬻獄，李龍翰又熱衷於狩獵遊玩、營造宮室，每天都與宮女遊玩享樂，即使聽聞城外有盜竊案件發生，也假裝不知，其荒唐可見一斑，加上饑荒、水患等災禍接連發生，李朝國勢的崩壞遂不可遏止，地方叛亂四起，雖先後弭平，但人民的怨憤始終未平，終於爆發以范猷（？～西元1209年）為首的一連串大規模的叛亂。

西元1208年，李龍翰任命范猷負責乂安軍事，范猷卻以此為基礎叛亂。西元1209年，以范秉彝（？～西元1209年）率軍平亂，順利平息叛亂，並將范猷抄家，使范猷對他深感怨恨，此後范猷以錢財賄賂朝中官員，誣陷范秉彝有所不法，並爭取讓范猷入朝申冤之機會。范秉彝班師回朝後，卻因遭誣陷而下獄，其部將郭卜等聞之，率兵強攻城門，李龍翰情急之下處死范秉彝，在郭卜等人攻入城後，李龍翰與太子李旵（西元1194～1226年）出逃，皇次子李忱（西元1202～？）被叛軍擁立為帝。皇太子李旵逃難至海邑時，結識當地從事盜匪與漁業致富的豪強陳李（？～西元1210年），娶其女陳氏容為妻，得其兵力協助才返回京師平定叛亂。在叛亂平定後不久，西元 1210 年，李龍翰崩逝，太子李旵繼位，是為李惠宗，而平叛且擁立太子有功，並身為新皇外戚的陳氏一族，也得以進入皇朝中樞，開始其擷取權力的道路。

李旵在位期間，因承平日久，律法紀綱日漸鬆弛，一般人民不了解兵事，地方盜賊蜂擁而起，難以遏止。局勢動盪不安，朝政也乏善可陳，初期因太后與陳氏家族有所矛盾，視其為反逆，對陳氏容加以苛待，使李旵也受到影響曾懷疑陳氏一族，後因太后苛待陳氏容太甚，李旵疏遠太后，並詔陳氏容兄陳嗣慶來朝，冊封陳氏容為后，其兄長陳承為內侍判首、陳嗣慶為輔政，陳氏族人漸掌握權力。

到了西元 1217 年春，李旵好像罹患瘋病，經常發狂胡言亂語，有時自稱為天神所降，左手執楯，右手執斧，並在頭髮上插小旗跳舞，從早到晚不曾停歇。結束之後，因為流汗太多而感到口乾舌燥，更是飲酒至酒醉，並且等到幾天之後才睡醒。也常因瘋病無法處理朝政，將朝政委由陳嗣慶處理，終於使大權旁落，至此李朝權柄基本上已為陳氏所掌控。西元 1223 年，陳嗣慶卒，受追封為建國大王，其兄陳承升任輔國太尉；西元 1224 年，李旵退位出家，禪讓於其女李昭聖（西元 1218～1278 年），史稱李昭皇，是李朝最後一位皇帝，也是越南史上唯一的女皇帝。

在李朝末年過渡至陳朝初期的歷史，不得不提的便是當時極具權勢的陳氏族人陳守度（西元 1194～1264 年）。陳守度為陳承從弟，李昭皇在位期間，擔任「殿前指揮使」並「知城市內外諸軍事」，基本上掌握了朝政，他並與陳太后私通，謀求取代李朝，建立由陳氏族人為皇帝之新朝。他先安排陳承之子陳煚（西元1218～1277年）侍奉李昭皇，使兩人建立感情，西元1225年十二月，在陳守度的安排下，李昭皇下嫁陳煚，並以李昭皇之名義下詔，以其身為女主無法持國，缺乏才德又輔弼無人，使盜賊蜂起等理由，禪位於陳煚，史稱陳太宗，至此李朝滅亡。

綜觀越南史上的李朝時期，是越南進入自主時期後第一個長期且局勢穩定的朝代，而李朝在越南歷史上的重要性，一方面在於它是越南史上首個國力強盛且有開創性的朝代，而具體的證明，則可以通過開國初期它多次向宋朝、占城、真臘發動對外征伐並取得領土擴張等重大戰果看出；另一方面，則是自李朝開始推動科舉取士的政策，而這種以國家設置考試來收攏天下有才之士為己用的制度，因用意良善，所以也被後世歷朝沿襲，成為定制，一方面為官員選拔立下規範，一方面則逐步促進了儒學的發展，在越南歷史上具有重要的意義；並且在這個時期，中國王朝正式承認越南為「安南國」。

第三節　陳朝時代與史學思維的出現

一、陳朝初期內政外交情形及史學思維出現

陳朝（西元1225～1399年）初建，陳煚年紀尚幼，故以其父陳承為上皇居攝，陳守度則受封為太師，政、軍大權分別握於兩人之手。《大越史記全書》中對陳守度的記述，認為他無甚學問，

但天生才略過人，陳朝之建立他有極大功勞，而他為鞏固陳朝之統治，肅清可能危及政權者可說不遺餘力。

陳朝開國之初，民心對李朝猶有懷念者，故陳守度對於出家為僧的李旵及李氏宗親存有極深的戒心，《大越史記全書》記載，李旵遜位後曾出遊至東市，不少百姓爭相觀看，甚至有痛哭失聲者，這讓陳守度心生警惕，將李旵軟禁於真教寺，只將李旵軟禁仍不夠，某次陳守度前往真教寺，看見李旵正在拔草，陳守度看了便說：「拔則拔深根」，暗示他將肅清李氏宗族，李旵知道無法抵抗，便懸樑自縊，更有甚者，陳守度進一步將李姓皇室宗親屠戮殆盡。李旵死後，李氏宗族心中鬱悶不滿，陳守度乘李氏宗親祭祀之機，預先挖好深坑，引誘並活埋之。此外，在西元 1232 年，為了徹底斷絕人民對李朝的懷念，又頒布詔令，以陳氏先祖姓李為由，為避諱而強迫李姓改為阮姓。從這些記載可以看出，陳守度的手段可謂極為陰狠毒辣，故在史籍中普遍對此事評價不佳，認為他既然已經篡奪他人的皇位，卻又殺死前朝的國君，實在是不夠厚道。他自認為這是為國家盡忠，但是事實上卻被後世百姓指其為弒君的賊臣。

陳守度權傾一時，甚至皇帝也需對其言聽計從，如西元 1237 年時，他以李昭皇無嗣為由，強迫陳煚廢后，另娶其兄陳柳之妻為后，因此引發陳柳之叛亂。但他似乎沒有取而代之的野心，陳煚繼位後，陳守度可說善盡輔佐之責，在開國之初，本以陳守度為國尚父，掌理天下事，但陳守度認為開國之初，民心尚未穩定，他自己不識文字，所以甘願負責在外領兵平叛，而內政則交由太上皇陳承管理，將軍、政權力分開，所以《大越史記全書》等史書雖對他奪位弒君、逆亂人倫等事多所撻伐，但另一方面也肯定他輔佐陳朝之功勞，稱陳守度雖為宰相，而凡事罔不加意，以此能輔成王業而令終也。

陳煚在位期間，因經歷李朝末年之紛亂，故在內政方面進行多項改革，以期讓國家回歸穩定，而因為陳煚年幼便繼位，所以其在位期間的政策有很多實際上來自於其父陳承與族叔陳守度的影響，這些政策包括以下各項：

㈠帳籍制度

帳籍制度從李朝沿襲而來，具體實施辦法是由地方官員統計全國各地文武官員、書吏、軍士、男丁、年老傷殘及移居者，將這些資料記入帳籍，而根據帳籍內容，來決定人民身分，如有官爵者子孫可承蔭擔任官職。另外分天下為十二路，每路設置正副安撫使，其下又設有司社等官員治理地方，而每一路都有該地專屬的帳籍資料。

㈡稅制改革

丁稅，即將男丁按照年紀分類，並按照男丁擁有田畝數量來徵稅，田產越多者繳納越多，如擁有五畝以上繳納三貫。土地稅方面，則是私田每畝，田主須繳納粟一百升。公田分為「國庫田」與「拓刀田」，依品質分為上中下三等，徵收數量不等穀物，此外池塘、鹽田等也包含在內。其餘還有各種雜稅，如檳榔稅、安息香稅、魚稅、蝦稅、蔬稅、果稅等。

㈢科舉革新

教育政策一方面沿襲李朝制度開辦科舉，陳朝首開太學生科，合格者為進士。西元 1247 年，增設狀元、榜眼、探花等三魁，另外加開儒、釋、道三教科試，優秀者為甲科，次等者為乙科。當時的教育似乎儒、釋、道三教並重，但教育與科考的關聯在史籍中記載較不詳盡。

㈣律法改革

西元 1244 年制定刑律，刑罰頗重，例如偷竊者將被處以斷手、砍足，或者被象踏的刑罰。

㈤官制制定

官制也重新整頓，中央有三公、三少、太尉、司馬、司徒、司空等文武大臣，並設相國、首相、參知為宰相。文官方面，中央有各部尚書、侍郎、郎中、員外、御史，地方文官有安撫使、知府、通判、僉判；武官方面，中央有驃騎上將軍、錦衛上將軍、金吾大將軍、武衛大將軍、副都將軍等，地方武官則有經略使、防禦使、守禦使、觀察使、都護、都統、總管。每十年可升一銜，十五年升一職。而官吏雖已具相當規模，但君臣之間感情親近，都是皇親國戚，因此宮廷飲宴時皇帝常與大臣同樂。

㈥兵制變革

陳煚在位期間，國內大部分的壯丁都需要編入伍，親王等貴族也有權募集軍隊，而這是為了因應抵禦蒙古軍隊入侵以及對占城等外國征伐，具有不斷用兵的需要所制定的政策。

在外交方面，北方的南宋國力已衰，與安南之間只有徒具形式的外交關係，西元 1229 年，陳朝遣使赴宋，陳煚獲封為安南國王；而在南面，占城在李朝末年時藉李朝衰弱之機劫掠沿海居民，陳朝內政趨於穩定後，最初以「懷之以德，遣使往諭」的方式應對，而占城雖遣使入貢，但掠奪領土之心不減，這使陳煚感到憤怒，決定發兵占城。西元 1252 年春正月，陳煚御駕親征，至同年十二月結束戰事，「獲占城主妻布耶羅，及其臣妾、人民而還」。

但此時期最重大的外交事件，當屬蒙古軍隊的入侵。西元 1254 年，蒙古滅大理，欲進一步據有大越以對南宋形成包圍之勢，故先遣使勸降大越，遭陳煚拒絕，並囚禁蒙古使者。蒙古軍隊則在西元 1257 年末發動攻勢，蒙古將領兀良合觪（現代書籍多稱兀良哈台，西元 1201～1272 年）自雲南率軍進攻大越，大越北境由宗室興道王陳國峻（西元 1228～1300 年）防守，因兵力懸殊

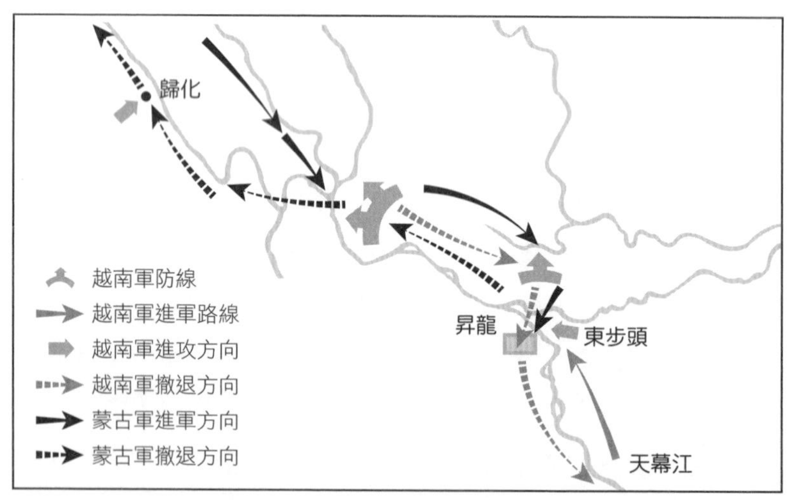

圖 13：西元 1257～1258 年蒙越之戰

只能撤退，後來陳煚御駕親征，但仍不敵蒙古軍兵鋒，被迫撤退至天幕江，蒙古軍順利攻占大越首都昇龍城。在這樣的惡劣情勢之下，即便身為皇弟的陳日皎（西元 1225～1268 年）也有棄越入宋之議，陳煚問計於太師陳守度，陳守度以「臣首未至地，陛下無煩他慮」加以激勵，使陳煚重拾信心。

但關於此次蒙越之戰，兩國史書有不同記載，越南方面史書多記述蒙古軍不耐暑熱，水土不服，占領昇龍後不久便開始撤軍，而在撤軍途中遭到越軍追擊，大敗而歸，但中國方面史書的記載卻有所不同，如《元史》記載認為此役大越慘敗，蒙古軍乃因天氣炎熱而班師，且大越在此役後被迫向蒙古稱臣入貢。而不論是戰敗稱臣或是慘勝後對蒙古的安撫，就結果而言，大越自此之後的確開始向蒙古納貢，《大越史記全書》記載，西元 1258 年，遣使向蒙古納貢，之後三年一貢成為定例，但在此同時，也派遣使節通好於南宋，亦即進入同時向蒙古及南宋稱臣的外交局面。

而在同一年，陳煚禪位於太子陳晃（西元 1240～1290 年），太子陳晃即位，史稱陳聖宗。陳煚因為陳晃已經長大成人，於是就命令他繼承皇位，自己則退居聖慈宮，改以上皇自稱，和陳聖宗一同聽取國政，雖然已經傳位給兒子，確認繼承之事，但是事出突然，許多國家事務的工作與決定權還是在上皇手裡，陳聖宗雖然已經即位，但仍舊如皇太子一樣。這種皇帝禪位為上皇，協助培養皇帝處理朝政的情形，也成為陳朝特殊的傳位制度。

陳晃在位期間，國內局勢尚稱穩定，未有大規模的動亂。內政方面，在西元 1266 年，下詔王侯、公主、駙馬、帝姬召集漂散無產人為奴婢，開墾荒閒田，立為田莊。通過貴族將荒地圈為田莊，並召集流民開墾的方式，解決了國內荒田過多與人力過剩產生流民之問題，解決荒地籍的問題。在文教方面也頗有政績，如昭國王陳益稷曾在其府邸旁開設學堂，召集四方文士前來學習，並供給衣食，培養出不少人才，如陳朝時的名儒莫挺之（西元1280～1346年）便出身於此。

外交方面，與南方的占城基本上維持和平關係，占城會定期前來朝貢，而在北面，南宋國勢已衰，面對蒙古的強大威脅，大越採取表面臣服，實則抗拒的態度。在第一次伐越之後，蒙越間建立朝貢外交關係，根據《元史》記載，西元1262年規定，大越需要每三年一貢，每次進獻儒士、醫人及通陰陽卜筮、諸色人匠等專長人士各三人，以及蘇合油、光香、金、銀、朱砂、沉香、檀香、犀角、玳瑁、珍珠、象牙、綿、白瓷盞等貢物。

西元1266年，大越遣使進貢，並請求免索秀才、工匠等專才，蒙古同意，但有六項新的規定：一、君長親朝；二、子弟入質；三、編民數；四、出軍役；五、輸納稅賦；六、仍置達魯花赤（蒙語掌印官，負責監治）統治之。可以發現蒙古最終目標仍是要將安南納入統治，而大越則虛與委蛇，西元1271年，蒙古建號大元，要求陳晃朝覲，陳晃以有疾為由推辭。西元1275年，陳晃遣使要求廢止達魯花赤官職，遭大元拒絕，雙方關係惡化，終往戰爭之局面發展。

西元1278年，陳晃退位為太上皇，太子陳昤（西元1258～1308年）繼位，史稱陳仁宗。陳昤在位時間並不長，僅15年便退位為太上皇，在內政上未有太顯著的政績。而在其任內曾爆發大規模的饑荒，西元 1290 年時，饑荒爆發，許多人民販賣田土，甚至販賣子女給富戶做奴婢，政府下詔發官粟賑濟，同時免去人丁稅。但到了隔年，又發生大饑荒，許多百姓慘遭餓死。

在外交方面，陳昑任內再度與北面的元朝發生戰爭，且與第一次蒙越戰爭相比規模更大。西元 1279 年，元朝滅南宋統一中國後，進一步便欲往南攻取大越。西元 1284 年，元軍以南征占城為藉口，鎮南王脫歡率領五十萬軍隊開始侵越，初期元軍攻勢猛烈，越軍處於劣勢，持續敗退，陳昑被迫將其女安姿公主嫁予脫歡以期拖延戰局，甚至包括昭國王陳益稷在內的不少宗室、貴族也向元軍投降，局勢可說相當嚴峻。西元 1285 年農曆四月之後，越軍開始反攻，在鹹子關一役中擊敗元軍，此後局勢逆轉，元軍節節敗退，折損數名大將，加上元軍始終不耐酷熱，又苦於瘴癘之害，終於在農曆六月時被越軍驅趕撤離。

但元朝滅越之心仍不減，故在西元 1286 年，以護送降元之昭國王陳益稷返越登基為名，在湖廣等地建造海船三百艘，下令江浙、湖廣、江西三行省軍隊五十萬南侵，戰爭初期，雙方互有勝敗，西元 1287 年，元水軍進犯雲屯，最初占有優勢，但被越軍突襲運糧船，補給中斷被迫撤退。西元 1288 年三月，兩國水軍又戰於白藤江，大越興道王陳國竣事先遣人在白藤江內打入木樁，在交戰時佯裝敗退，再乘江水退潮元軍船隻受困時進攻，大敗元軍。此役之後，元軍攻取大越的計畫基本上破滅，戰後大越遣使赴元請和，請求按前例朝貢，得到元朝的同意，雖然大元未有放棄攻

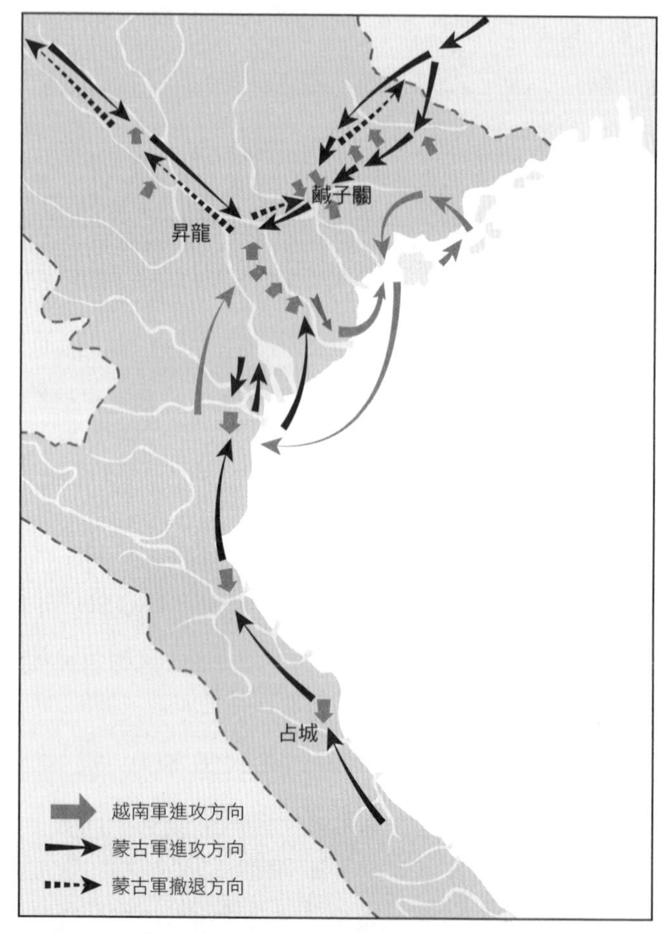

圖 14：西元 1284～1285 年蒙越之戰

取大越的企圖，但隨著西元 1294 年忽必烈（西元 1215～1294 年）去世，謀取大越的計畫也隨之中止。而在南方，因當時哀牢（寮國舊名）時常滋擾邊境，故即使與元朝的戰爭才剛落幕，國力尚未恢復的情況下，陳昑以外患若無法驅逐，國內必然發生變

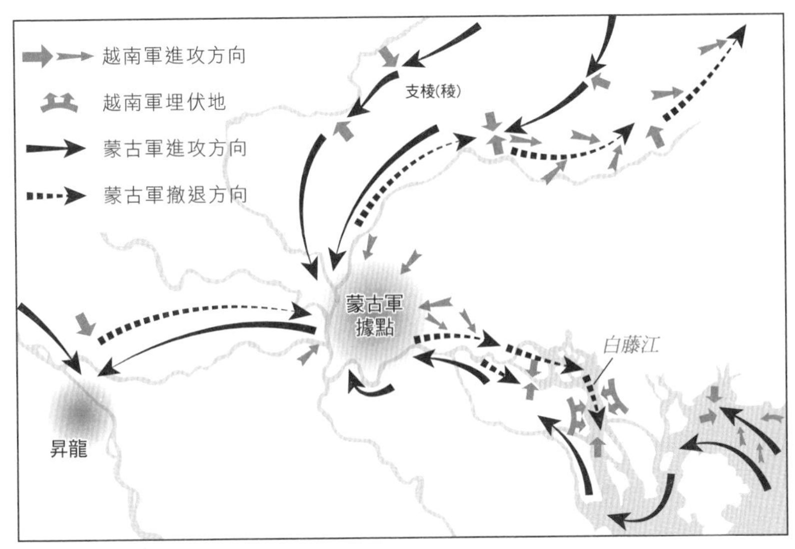

圖 15：西元 1287～1288 年蒙越之戰

亂為由，在西元 1290 年御駕親征哀牢。

而除了上述的記載之外，陳朝開國初期在越南史上有著相當重要地位的事件，就是《大越史記》的成書。西元 1272 年，聖宗陳晃在位期間，命翰林院學士兼國史院監修官黎文休（西元 1230～1322 年）編撰《大越史記》，此書採編年體體例，時間斷限起自趙佗趙武帝，至李昭皇終，全書共三十卷，此書流傳至今日，雖然內容已經不齊全，但作為越南史上第一部以國家力量編纂的史書，對後世的影響甚大，如後黎朝時的官修史書《大越史記全書》即以此書為基礎增撰而成。歷史的重要性，在於它是國家的靈魂，除了記載國家過去發生的史事，其實也承載了該國所具備的文明精神、文化傳承以及民族性格等核心的精髓，而通過

《大越史記》的撰寫，其實代表了陳朝政府在極力展現大越並非中國屬地，而是在中國以外，自成一國的想法，以此來加強陳朝對自我民族性的認同；另一方面，這也是越南史上首次具有史觀與歷史思維的開端，凡源遠流長的文明國家，都對本身的歷史相當重視。但在文明國家發展的進程中，則必須當一個國家具備一定程度的經濟發展、教育程度與文化水準，才會開始重視本身的歷史，故當陳朝以撰寫《大越史記》作為歷史思維的開端，也代表了其文化的進一步提升，而這種概念也被後世歷朝重視且加以沿用，如越南近代史家陳重金便認為，「我南國有國史，自此始」，給予極高的評價。

二、陳朝中期的內政與外交情形

西元 1293 年，陳昑禪位為太上皇，太子陳烇（西元 1276～1320 年）登基為帝，史稱陳英宗。陳烇年輕時雖因性格浪漫，性喜飲酒，並愛好夜遊，還曾被街市無賴觸犯，但尚幸皆未釀成大禍，在遭到陳昑斥責後有所收斂，從此處可以發現他知過能改的優點，同時他也是勤於政務的君主，陳烇在位期間，文有段汝諧（西元 1280～1335 年），武有范五老（西元 1255～1320 年）等名臣輔佐，乃屬陳朝之盛世，越南史學家陳重金認為此段時期「君賢臣忠，法律嚴正，賞罰分明，政治無一不上軌道」。

在外交方面，陳烇在位期間與北方的元朝關係較為緩和，沒有戰事發生，並相互遣使往來，如西元 1308 年，曾派遣富有才學之狀元莫挺之出使元朝，其才學甚得元朝官員讚賞；在南方的哀牢及占城，則與大越關係緊張。對哀牢方面，包括西元 1290 年陳昑御駕親征外，哀牢也多次入寇，皆被名臣范五老率軍擊退；大越則在太上皇陳昑首肯下，於西元 1306 年與占城聯姻，將玄珍公主（西元 1289～1340 年）嫁予占城王制旻（？～西元 1307 年），以維繫兩國外交關係，而占城則割烏、里二州為聘禮，成為大越順、化二州，對於外交聯姻之舉，當時大越有不少知識分子對此感到不滿，不少朝野文人借用漢朝以王昭君和番的典故，作詩詞嘲諷。

但聯姻未久，西元 1307 年，占城王制旻即去世，因占城主要信奉印度教，在教規中有寡婦自焚殉葬之俗，故按例玄珍公主亦需遵從，然大越方面不願公主殉葬，故派遣尚書左僕射陳克終（？～西元 1330 年）等官員至占城迎玄珍公主及世子多耶返國，陳克終以迎接制旻靈魂於海邊後，再行火葬的說法說服占人，並趁抵達海邊的機會，搭乘小船逃離。此事使占人引以為恥，並導致兩國關係惡化，占城新主制至多次發兵欲取回烏、里二州皆未成功，而大越不堪其擾，西元 1312 年陳烇御駕親征，擊破占城，並俘獲占城王制至（？～西元 1313 年），改封其弟制陀阿婆鎮守故地，而新主制陀只是傀儡，此時的占城實際上已臣服於大越。

西元 1314 年，陳烇禪位，太子陳奣（西元 1300～1357 年）登基，是為陳明宗。包括上皇任期在內，陳明宗是陳朝歷史上執政最久的帝王，其在位初期，任用極具才能之段汝諧、范五老、莫挺之等名臣輔佐朝政，故在其任內陳朝的發展至於鼎盛，在內政方面，曾下令禁止一家之人（父子夫婦奴婢等）相互告訐，定文武官階，開太學生科試，並禁止軍士刺青於身等。

外交方面，與元朝外交關係平穩；南方的占城，雖在陳烇在位末期親征，給予重大的打擊，並立制陀為傀儡統治故地，但制陀復國之心不死，數度反側，故在西元 1318 年，陳明宗派遣惠武大王陳國瑱（西元 1281～1328 年）再次征伐占城，此役制陀兵敗出逃爪哇，占城滅國，大越改立制阿難（？～西元 1342 年）為傀儡，統治占城。

陳明宗在位後期，因皇子繼承問題發生了兩黨奪嫡的政爭。起因於皇后無子嗣，以皇后之父陳國瑱為首的一派主張等嫡長子出生再立為太子，而以文憲侯及太師陳日燏（西元 1255～1330 年）為首之一黨則欲擁立皇子陳旺（西元 1319～1341 年），文憲侯等深知欲立陳旺為太子，必先扳倒陳國瑱，所以以黃金百兩賄賂陳國瑱之家臣陳缶，唆使他誣告陳國瑱謀反，陳明宗誤信之，下令囚禁陳國瑱於資福寺，並問策於陳克終，陳克終也偏向擁立陳旺，故對曰：「捉虎易，放虎難」，陳明宗於是中斷陳國瑱飲食的供給，最終將他逼死，並逮捕其黨羽百餘人，大興冤獄，此案直至數年後才得以平反，而此事在越南史書記載中皆認為陳明宗聽信小人讒言，是其在位時的重大污點。

西元 1327 年，陳旺被立為太子，兩年後陳明宗便禪位為上皇，陳旺繼位，是為陳憲宗，在奪嫡政爭中，擁立陳旺一黨看似大獲全勝，但陳旺登基時才十歲，故實際上仍由陳奣負責政權運作，陳旺在位 13 年，終其一朝，實權皆被陳奣掌控，僅是一個徒具虛名的皇帝。陳旺在位期間，范五老、陳克終、陳日燏等重臣相繼逝世，內政上沒有太顯著的政績，而在外交方面則曾多次對牛吼蠻與哀牢用兵。西元 1329 年，上皇陳奣親征牛吼蠻，牛吼蠻最初詐降，使大越軍敗退，但隨著大軍壓境，牛吼蠻逃竄至森林中。西元 1334 與 1335 年，陳奣又親征哀牢，在第二次征哀牢途中，重臣段汝諧因輕敵被哀牢軍擊斃。陳旺在位期間的幾次對外征伐，皆未取得重大戰果，甚至受挫，而國內又因重臣去世而人才凋零，可以發現此時陳朝國勢已漸呈衰象。西元 1341 年，陳旺崩逝，因其無子可繼承大統，故陳奣另立第十子陳暭（西元 1336～1369 年）登基為帝，是為陳裕宗。

三、陳朝末期的內政與外交

陳暭在位初期之 16 年，仍是由上皇陳奣掌握朝政，直至西元 1357 年陳奣崩逝陳暭才得以親政。在陳奣攝政期間，國勢雖不如前，但基本上仍可維持一定水準，但陳奣崩逝後，陳暭沉迷雜戲、賭博，他曾下令王侯公主等貴族進獻各種雜耍把戲，由他評判選擇優良者獎賞，又曾召集天下富豪進宮與他賭博，一擲千金，此外，縱酒逸樂，「帝迎風翫月，飲酒大醉，親浴於江，因此致疾」，甚至出遊至深夜三更才返回王宮，途中因酒醉導致印璽、配劍被偷盜，極其荒唐，而他卻更加放縱逸樂。

外交方面，北面的元朝此時已衰落，無力南顧，起義軍蜂起，各自雄踞一方，其中朱元璋（西元 1328～1398 年）與陳友諒皆曾遣人與大越接觸，建立外交關係。南方的占城則與大越關係日趨緊張，陳明宗時曾征伐占城，滅其國並立制阿難為傀儡君主，西元 1352 年，制阿難薨，其子制某繼立，但被制阿難之女婿茶和布底篡其位，制某逃竄至大越，《大越史記全書》記載：「占城制某來奔，獻白象、白馬各一，大蟻一，長一尺九寸，及諸貢物」，請求大越出兵討伐茶和布底，擁立他為國王。故在西元 1353 年，大越出兵討伐占城，欲護送制某回國登基，但受挫失敗，此後占城軍隊反攻入寇化州，後來雖擊退占城入侵的軍隊，但並不順利，足見此時大越國力已衰弱，而占城則銳意整軍經武，兩國外交關係破裂。

西元 1369 年，陳暭崩逝，因無子嗣，死前指定由其兄恭肅王陳元昱（西元 1328～1364 年）之子陳日禮（？～西元 1370 年）繼承大統。史載陳元昱戀慕優伶楊姜之妻，納之為妾，但楊妻此前已有身孕，故實際上陳日禮並非陳氏血脈，其繼位後不久，便弒殺太皇太后（明宗后），且又「縱酒淫逸，日事宴遊，好為雜技之戲」，甚至想要恢復楊姓，使宗室百官都極為失望，故在越南史書中都以他的本姓稱他為「楊日禮」。因楊日禮的倒行逆施，西元 1370 年，太宰陳元晫及天寧公主等宗室發動兵變，最初兵變失敗，楊日禮大肆搜捕參與者，楊日禮岳父恭定王陳暊（西元 1321～1395 年）出奔，於十月連絡宗室恭宣王陳曔、章肅國上侯陳元旦、天寧公主陳玉瑳等人，在清化府起兵，十一月順利擊敗楊日禮，將其廢為昏德公並誅殺之，陳暊登基為帝，是為陳藝宗。

陳暊是除了陳明宗外，陳朝在位第二久的君王，他即位才兩年，便禪位於太子陳曔（其實是陳暊之弟），但實際上依然以上皇的身分影響朝政二十餘年。陳暊在位期間，兩件事的發生可說是陳朝滅亡的開端，其一是與占城的戰爭，其二則是陳晛對外戚黎季犛（西元 1336～？）的寵信，在外有強敵進犯，內有權臣篡位的情況下，陳朝終走向滅亡。

至陳晛當政時，陳朝國力已衰，軍事廢弛，而占城在占主荼和布底經營下，國勢漸強，此消彼長之下，占城形成大越南方之重大威脅。西元 1360 年，荼和布底薨，制蓬峩（？～西元 1390 年）繼立，為占城史上有名之「英雄國君」，在其帶領下，對國勢衰頹的大越帶來毀滅性的打擊。西元 1370 年，楊日禮被誅，其母逃至占城，欲引占城軍進攻大越以復仇。西元 1371 年，占城入寇攻入京城，陳晛出逃，占城軍隊焚毀宮殿，虜掠女子財寶。當時大越承平日久，軍隊無力抵禦，昇龍城遭攻破劫掠，大越不復往日之威勢。

而在黎季犛方面，他的崛起源自於陳晛對他的寵信。因黎季犛的姑姑與姊妹二人，都嫁入皇室，而黎氏本人也娶公主為妻，所以黎氏家族與陳朝皇室有密切的姻親關係，故陳晛繼位後，任命他為樞密院大使，後又加封其為宣國上侯，使其逐漸得以掌握政權。西元 1373 年，陳晛禪位，太子陳曔登基，是為陳睿宗。

陳曔在位僅四年，他在位期間國內局勢已相當不穩，據《大越史記全書》在西元 1373 年的記載，「是歲盜賊競起」，雖然國內各處叛亂蜂起，但陳曔仍執著於對占城的征伐，自西元 1373 至 1376 年，皆有朝廷整軍備戰的記載，西元 1375 年時並任命當時官職為樞密大使的黎季犛參謀軍事，另外下詔選拔有練習武藝、通韜略的官員擔任將軍，這就使黎季犛除了參與政事之權外，得到進一步涉入軍權的機會，實力更為壯大。

西元 1376 年，陳曔領十二萬軍隊御駕親征，初期攻勢順利，攻取占城尸耐港，制蓬峩見越軍攻勢凌厲，假意敗退、誘敵深入國境，陳曔亟欲獲取戰果，不採納屬下建議，領兵長驅直入，因地形使得軍伍形成長條狀的隊伍，首尾無法相顧，占城軍乘機偷襲，越軍大敗，此役除數名大將戰死外，御溝王被俘，連皇帝都崩於陣中，而占城軍更乘勝追擊，於西元 1377 年六月入寇，昇龍城又再次被占城攻破劫掠，使大越元氣大傷。

陳睿宗崩逝後，由太子陳晛（西元 1361～1388 年）繼位，是為陳廢帝。外患與內亂造成的混亂局面，以及年少缺乏經驗的皇帝與太上皇的寵信，成為黎季犛謀奪政權的大好機會。

西元 1378 年，制蓬峩以御溝王名義率軍北上，第三度攻破昇龍城，大肆擄掠後離去，此時大越的武備似乎已廢弛到無法防衛占城的進攻，在人心惶惶的局面下，黎季犛抓緊機會成為扭轉局勢的英雄。

西元 1379 年，黎季犛受封小司空，他舉薦自己的義弟阮多方為將軍，並舉薦自己的謀士范巨論為權都事，將自己的黨羽安插在重要位置上。至西元 1380 年，占城入寇，皇帝命黎季犛領水軍，杜子平領步軍抵禦，戰鬥中占主制蓬峩戰敗遁歸，此次戰役是大越與制蓬峩交戰以來首次獲勝，黎季犛聲勢大漲，並得獨攬軍政大權於一身。西元 1382 年，占城再度入寇，亦被黎季犛率軍擊退，此後兩國發生數次戰事，但皆無顯著之勝敗。

西元 1387 年，黎季犛受封同平章事，西元 1388 年，其弟黎季貔受封判首知左右班事，黎氏過大的權力終引起皇帝陳晛的猜疑，陳晛與太尉陳顭（？～西元 1391 年）商議：「上皇寵愛外戚季犛，肆意任用，若不先為之慮，後必難制矣」，想要動手剪除黎氏，但事機不密，被黎季犛得知，故他先下手為強，進讒言於上皇陳暊，上皇誘捕陳晛，廢其為靈德大王，後縊殺於太陽府，其黨羽也遭大肆捕殺。陳晛被殺後，由上皇之么子陳顒（西元 1378～1399 年）繼位，是為陳順宗。

陳顒雖繼位為帝，但依然無權，黎季犛則在排除阻礙者後，更加快奪權的速度，西元 1389 年，黎季犛以女兒為陳顒后，並以心腹范巨論為簽書樞密院事，繼續安插黨羽擔任要職。同年，占城再度入寇，黎季犛與阮多方率軍抵禦，交戰後大越處於劣勢，黎季犛留阮多方等人駐守，自己先行撤離，此役之後黎季犛與阮多方關係破裂。阮多方雖然順利撤退，但對黎氏不滿，常出言貶抑黎氏，而黎季犛則將被占城擊敗之責任推諉給阮多方，使阮多方被剝奪兵權，此後更以擔心阮多方叛逃前往北方明帝國或南方占城的理由，唆使太上皇陳暊將阮多方賜死。而當時占城軍仍未退，故改派陳渴真迎擊占城軍，過程中陳廢帝之弟陳元耀為報兄仇，叛變投往占城。

西元 1390 年，占主制蓬峩在陳元耀的陪同下，再次率占城軍北伐，在此役中制蓬峩戰死，據《大越史記全書》記載，制蓬峩因故責罵屬下小臣波漏稽，波漏稽心生怨恨而投靠大越，並將制蓬峩所乘坐的戰船位置告訴大越軍，大越軍集中火力攻擊，制蓬峩因此戰死。制蓬峩死後，他的部將羅皚自立為王，制蓬峩之子制麻奴佸難與弟制山拏擔心有殺身之禍，遂投奔大越。因羅皚奪權後需要穩定國內局勢，所以占城暫停了北上的攻勢，使大越獲得一段喘息的時間，外患既解，則內鬥情勢自然加劇。

西元 1391 年開始，黎季犛動手剪除陳朝宗室，如莊定大王陳顛，或謀刺黎季犛之陳日章，始終寵信黎季犛之上皇陳暊，似乎終於感受到黎季犛的威脅。在西元 1394 年，上皇命令畫工畫周公輔成王、霍光輔昭帝、諸葛輔蜀後主、蘇憲誠輔李高宗等四幅圖畫，名為四輔圖，賜給黎季犛，暗示他要如同前賢一樣輔佐皇帝，或在病榻上召見黎季犛時，試探性的表示若新皇庸暗則可取而代之，但其真意在藉此正面、反面的暗示黎季犛能去除篡逆之心，盡心輔佐皇室，但為時已晚，同年上皇陳暊崩逝，黎季犛篡陳的戲碼走向最後一幕。

西元 1397 年，黎季犛派遣吏部尚書兼太史令杜省到清化府一帶修築城池，並設立廟社，開街巷，為遷都做準備。黎季犛遷都清化，《大越史記全書》以「曹操挾天子，以令諸侯」相比擬，西元 1398 年，黎季犛逼陳顒出家為道士，並禪位於皇太子陳安（西元 1396～？），是為陳少帝，但黎季犛仍不放心，遣人縊殺陳顒。

此外，黎季犛為順利篡位，厲行恐怖統治，將欲謀除去黎季犛的陳朝宗室餘黨一網打盡，三百七十餘人皆被誅殺且抄家，他們家中的女人一律為婢，一歲以上的男子皆被活埋或淹死。此後，連續數年持續逮捕餘黨，彼此相識的人，只敢以眼神溝通，不敢任意講話，一般人家也不允許收留外人居住，如果有人借住，必須告知有關單位，並且檢查通行證、行李，以及問明原因理由，以為保證，施行嚴密監控的恐怖統治。

西元 1399 年，黎季犛「自稱國祖章皇，服蒲黃色，居仁壽宮」，並僭用太子儀仗，出入都要使用黃蓋傘十二柄。黎氏之子黎漢蒼則被封為太傅，也遷入皇宮居住。西元 1400 年，黎季犛廢少帝為保寧大王，改國號為大虞，依族譜改為原姓，是為胡季犛，故其建立之朝代被稱為胡朝（西元 1400～1406 年），至此陳朝滅亡。

綜觀陳朝的歷史，在最初，陳氏通過不光明的手段取代李朝，獲得了政權，這使它在越南的後世史書中受到不小的批判與負面的評價，但除此之外，陳朝在整體越南歷史上卻也有著可以被高度肯定的面向。

首先是在對抗外敵入侵方面，面對兵鋒橫掃歐亞，所向披靡的蒙古帝國要求臣服，陳朝君臣不畏懼其威脅，齊心協力多次擊退了元軍的入侵，元朝終於在多次受挫後，終止了想要將越南納入版圖的野心，這對越南的民族自信心有極大促進的作用，也因此陳朝抗擊元朝的史實得到後世一致的肯定；其次，在陳朝統治初期，《大越史記》的撰寫，則是越南史上首次以國家力量來推動編纂史書，歷史是一國之魂，故此書撰寫的價值，一方面展現了大越是在中國以外自成一國，加強了大越對自我身分的認同，一方面也是大越史觀與歷史思維的開端，代表其文化水準的進一步提升，而這種概念也被後世歷朝肯定且沿用。

第四章 Chapter 4

明朝統治與後黎朝建立

第一節　胡朝與明朝中國的衝突

胡季犛代陳自立，少帝被廢，但因身為胡季犛的外孫，勉強保住性命。在胡季犛登位之後不久，於西元1400年禪位於次子胡漢蒼，以太上皇身分臨朝聽政，但實權仍掌握於他手中。同年他遣使赴明朝，向明朝偽稱陳朝皇室已經絕後，他以陳明宗外孫的身分暫代國事。西元1403年，明朝燕王朱棣（西元1360～1424年）發動靖難之變，順利攻破南京，建文帝不知所蹤，朱棣即位為帝，是為明太宗（明世宗時改稱明成祖），胡季犛再度遣使至明朝，自稱為陳朝宗室親族，繼續對明朝輸誠，表達恭順之心，明朝遣禮部官員訪查，封其為安南國王。

但因胡季犛出兵侵占兩國交界之思明府（今廣西、越南邊界一帶），侵奪下轄之祿州、西平州、永平寨等地，雖然明朝政府諭令歸還，但大虞國卻置若罔聞；大虞國還出兵征伐占城，占城遣使赴明朝求援，明朝雖然派遣使者告誡大虞國，卻沒有多大的成效，這使得明太宗對大虞國心生厭惡，加上逃至中國的原陳朝將領裴伯耆乘機向明太宗進言，歷數胡季犛之惡行，加上此時老撾遣使護送自稱是陳朝殘存宗室的陳天平（(？～西元 1406 年）或稱陳添平，《大越史記全書》記載，實際非陳朝宗室，真實身分為陳氏家臣阮康）前往明朝，諸多事件皆加深了明太宗的懷疑，故在西元 1405 年派遣御史李錡等人至大虞國調查。

關於這段史事，中國與越南兩方史書記載有頗大的出入，《大越史記全書》記載，胡季犛篡弒之事被李錡發現，因此胡季犛在李錡回國的途中派人埋伏，欲暗殺李錡，但未成功。李錡逃返中國之後，胡季犛的謊言被揭穿，之後在西元 1406 年，明廷派遣征南將軍右軍都督同知韓觀，與參將都督同知黃中帶領廣西兵十萬，護送陳天平返國，但明軍遭受胡季犛軍隊突襲而投降，陳天平被迫交給胡軍，後遭凌遲處死。而在《明史》中的記載，則有所不同，記載指出李錡等人赴大虞調查時，胡季犛極力否認，派遣使節阮景真赴中國謝罪，辯解自己沒有篡位，還向明廷提出迎接陳天平歸國的請求，並且退還此前占據的土地，所以在西元 1406 年，明廷派遣黃中等人率五千士兵護送陳天平返國。

可以發現兩國史書記載中，護送陳天平回國之前後背景，與護送陳天平回國的兵力分別是「十萬」與「五千」，皆大為不同，其原因何在？以實際面來說，護送陳天平回國的兵力五千人是較為合理的，此外想要擊敗「十萬明軍」，理論上大虞國需要有相近或多於此數的兵力，但以當時大虞的國力是否有足夠的軍隊？這是一個問題；另一方面，明朝方面對於胡季犛篡弒一事是否知情？有很大的可能是已經知道的，在西元 1403 年胡季犛遣使赴明朝稱臣時，明太宗朱棣雖然知情，但以靖難奪位的他與胡季犛同樣可說「得位不正」，為避免引起聯想，故仍封其為安南國王。但大虞侵占明朝邊土以及攻伐占城等蔑視明朝宗主國地位的行為，皆讓明太宗深感胡季犛難以掌控，而謊稱陳朝宗室的陳天平之出現，恰好給予明太宗扶植陳天平來牽制胡季犛，讓安南可以納於明朝控管下的想法，故當胡季犛遣使奉迎陳天平歸國時，明太宗是相信的，且通過使節傳達，如果陳天平真的能順利返國登基，便會對胡季犛封賞晉爵的訊息，表示他的優禮嘉獎之意，也正因為相信胡季犛，所以僅派遣五千人護送陳天平，完全沒有料想到會有變亂的發生。至於越南方面史書將兵力誇大到十萬人，或許意在加強明軍入越乃侵略性質，而非單純的護送。

但不論如何，與《大越史記全書》記載相同的是，《明史》記載，明軍進入大虞境內後，胡季犛以伏兵擊敗明軍，劫持陳天平，此事令明太宗震怒，加上先前大虞侵占思明府屬地等事，朱棣決心出兵，西元 1406 年農曆七月，任命成國公朱能佩征夷將軍印並擔任總兵官，四平侯沐晟佩征夷副將軍印為左副將軍，新城侯張輔為右副將軍，率軍號稱八十萬進攻安南。據《明史》記載，明軍連戰皆捷；而大虞方面記載，當時的軍隊是緣著江邊豎立柵欄，在重要地點增築土城，城柵綿延九百餘里，並且徵集江北二百多萬居民防守，還在各個河流港口釘下木樁。主力部隊則駐紮於東都，嚴加守備，當時有水陸軍隊共七萬，號稱二十一萬抗明入侵。

然而整體戰爭時間僅將近八個月左右，明軍勢如破竹，長驅直入，西元1406年十二月，明軍攻陷昇龍，西元1407年五月，胡季犛及其子被擒，胡朝滅亡，安南落入明軍掌控之中。為何胡朝的防線崩潰如此迅速？應與胡季犛篡奪皇位及倒行逆施的恐怖統治，致使人心背離，思復興陳朝有關，而明軍亦利用此點，初抵達安南，便貼出榜文歷數胡氏的罪行，同時發出尋找陳朝宗室後人，以恢復其王爵身分的消息，明軍並把這些訊息用木牌書寫，在河流中順流放下，安南軍本來就厭惡胡朝的苛暴統治，在看了榜文之後，戰意更加減弱，軍心民心背離，則胡氏的敗亡勢所必然。

在胡氏父子被俘前，西元1407年四月，明軍詔告尋找陳朝宗室為王，但這只是表面，實際上明朝則假冒官吏、耆老等人的名義，謊稱陳朝宗室被胡季犛誅滅，無人可繼承，所以請求將安南恢復為古郡縣。明朝藉此將安南納入版圖，設置交阯都指揮使司、承宣布政使司、提刑按察使司及衛所、府、州、縣等各級政府單位。但這種政策實際上並不符合安南人民的期待，當明軍進入安南，歷數胡氏罪狀的時候，安南人是認為明軍以宗主國之責任弔民伐罪，復興陳朝，但明朝卻在安南設官統治，安南人民對此極為失望，故對明朝統治的反抗動亂蜂起。同年十月，陳朝宗室陳頠（？～西元1410年）繼位，是為簡定帝，自他繼位後的時間，亦被稱為後陳朝。

陳頠繼位之初，屢次被明軍擊敗，後幸有擔任化州大知州的鄧悉（西元1357～1409年）叛明來歸，受封為國公，使其實力大增，得以和明軍抗衡，西元1408年，更大敗由明黔國公沐晟率領的四萬明軍，明將呂毅戰死。但在形勢甫出現轉機時，陳頠卻自毀長城，西元 1409 年，陳頠聽信佞臣讒言，謂國公鄧悉與同知樞密院事參謀軍事阮景真專權予奪，若不早圖，恐後難制。因此，陳頠召見鄧、阮二人，以預先埋伏的力士將兩人誅殺，此舉大失人心，鄧悉之子鄧容（？～西元 1414 年）等部分重臣率軍離開，於清化另立陳朝宗室陳季擴（？～西元 1414 年）為帝，是為重光帝。同年四月，陳季擴方面發兵突襲陳頠，將其俘虜後逼其禪位，但仍給予其部分兵力共抗明軍，但後陳朝同室操戈，此時兵勢已衰。

西元 1409 年，明朝再次派遣張輔（西元 1375～1449 年）出兵安南，十月俘獲上皇陳頠，解送金陵處斬，明軍長驅直入，所到之處多有兵燹，《大越史記全書》記載：張輔所到的地方多所殺戮，導致積屍為山，並以殘酷手段，如抽腸繫樹、煎肉取膏、炮烙為戲，至有剖胎為二馘等方式，迫使敵人害怕聽令。陳季擴不斷敗退，地方上則有豪強與明軍進行游擊戰，雖然各方響應，但因群龍無首，互相不受節制，被明軍各個擊破，至西元 1413 年十月，清化遭到明軍攻陷，鄧容等重臣先後被俘，陳季擴逃往老撾，但仍被張輔遣人抓回，至此後陳朝滅亡，進入越南史上第四次北屬時期。

第二節　明代統治對越南的影響

陳朝末期，胡季犛專權擅政，奪取皇位，建立胡朝，但此舉卻引來明朝的介入，明朝以宗主國弔民伐罪之名義發兵，但攻滅胡朝之後，明軍卻滯留不歸，強將安南納入明朝統治，從此展開屬明統治時期。

一、屬明時期的制度

㈠行政區劃

明朝在控有安南之後，聲稱為回應當地父老官吏的請求，回復安南為北屬時期之古郡縣，故改稱安南為交阯，並在當地設置承宣布政使司、都指揮使司以及提刑按察使司，分別負責民政、軍事與刑名等事務，而在此之下，則按照明朝地方制度設置郡縣，共十五府、三十六州、一百八十一縣，另設太原、宣化、嘉興、歸化、廣威等五州，直隸於布政司，統轄二十九個縣；另外在地理要衝與險要之處則設十一個衛、三個所，以及一個市舶司。

㈡戶口管理制度

除了行政區劃，明朝對安南基層人民也加強管理。引進黃冊制度，將基層人民之資料收錄於黃冊之中，發給證件以備查驗，並在城市中以坊、城郊以廂為單位，鄉村以里甲為單位（十戶為一甲，一百一十戶為一里），里設里長，甲有甲首來進行管理，而甲首與里長因肩負管理職責，常有因出錯而受罰的可能。

㈢驛站制度

明朝在東關城至慈山府嘉林縣間設有驛站，通過馬匹傳遞公文，而從至靈縣、東潮縣一直到與廣西欽州交界的萬寧府，則通過水運船隻傳遞公文，途中同樣也設有驛站。

㈣兵制與力役

在明朝統治安南後，也引進明代衛所兵制，規定在衛所區內，每戶抽三丁為兵，清化等人口較少之區則抽兩丁，除了衛所兵之外，還需在險要處設置關卡，由民兵防守；而在力役方面，除了一般人民被徵用服力役外，也多方徵發婦女、兒童前往中國擔任婢女、僕人。其他有特殊專長者，如工匠等也在被徵發之列。

二、屬明時期社會經濟與文化發展

㈠社會經濟情況

進入屬明時期，明朝在安南設置郡縣，在經濟方面，開徵多種稅目，包括田稅，桑田繳納絲、絹，鹽田也納入專賣，必須由政府統一管理並抽稅；在稅賦方面，規定每畝田徵粟五升，桑田每畝徵絲一兩，每一斤絲徵絹一匹。而針對安南豐富的特產，明政府在山林中逼迫安南人民尋找犀角、象牙，在海濱則要求人民下海採集珍珠，另外如胡椒等香料，以及許多山林中的珍禽異獸，在過去這些資源或通過遣使進貢，或通過在雲屯的貿易港販賣取得，但當安南被明朝統治時，這些資源轉變為國內的物產，明朝在安南統治的官員，多半横徵暴斂，力行壓榨，將這些特產大肆搜刮後，運往北方，使得安南民眾感到苦不堪言。而如前所述，因軍隊與力役的需求，一般人力與工匠等專門人才大量被徵用，使農耕、手工業生產等方面都因勞力缺乏而產生困難，進而導致安南經濟發展的趨緩。

㈡文化發展

明朝既然已將安南納入版圖，進一步便是要在文化上也達成同化。文化的同化展現在幾個方面：

1.祭祀制度

明朝派遣之官員為了排除安南人民原本的信仰，強迫仿效中國制度，在各府、州、縣設立文廟，及祭祀山川、社稷、風雲等神祇，並按四時祭祀。

2.衣冠制度

衣冠禮制也效法中國，規定男女皆不得剪髮，並強迫服飾要改穿中國式樣，如婦女被強迫穿著短衣長裙。

3.學術

為了同化安南，故明朝採取斷絕安南過去之文化來達到目的，滅人之國，必先去其史，所以具體的方式便是大肆搜刮胡朝以前安南人寫作出版之書籍及碑版等，將之送往中國或摧毀，同時在各府、州、縣設立學校，每年選派定額貢生入國子監，並可以任官。同時將四書、五經、《性理大全》等書籍傳入安南教授，並派遣僧侶、道士至安南傳布佛教、道教，其目的即在於將安南過去史籍抽離，讓歷史出現斷層後，填補上明朝欲讓安南人學習的「史實」，經歷數代之後，記得過去歷史的年老安南人去世，年輕的安南人則會被完全同化。

但文化同化政策在實際執行上卻遭遇相當大的困難，明朝高壓的統治及經濟政策導致民眾的激烈反抗，最終將明朝勢力驅逐，文化同化政策自然也就不了了之。

第三節　後黎朝建立及對外擴張

一、後黎朝建立初期內政外交情況

越南史第四次北屬時期，自西元 1407 年開始，共約二十年，此期間安南人對於明朝的統治反抗始終不斷，而由豪族黎利（西元 1385～1433 年）率領的藍山起義（亦稱藍山蜂起），揭開了明朝在安南統治終局的序幕。黎利為清化梁江藍山鄉人，《大越史記全書》記載，在明朝統治期間，看中黎利所擁有的地方豪族勢力，曾想授其官位，黎利慨然拒絕，表示「丈夫生世，當濟大難，立大功，流芳千載，何乃屑為人役使乎？」並於西元 1418 年起事抗明，自號平定王。起事初期，黎利的實力仍不足，面對明軍優勢的兵力，敗多勝少，於西元 1418 年、1419 年、1422 年三次敗退到至靈山，但在此劣勢之中，黎利奮戰不懈的精神也獲得許多安南人的支持，並前來歸附，如在抗明戰爭與建立後黎朝過程中的重要功臣大文學家阮廌（西元 1380～1442 年），便是在此期間投入黎利陣營。此時黎

圖 16：阮廌

利偈促一隅，欲振乏力。然而機會將至，原因是西元 1420 年明太宗崩逝，明仁宗（西元 1378～1425 年）繼位，不到一年又崩，明宣宗（西元 1399～1435 年）即位時跟朝廷大臣談及安南陳氏後代的問題，因此謠言傳至安南謂明朝將放棄安南，由是黎利士氣大振。

西元 1424 年，黎利聽從屬下建議，決定攻取乂安（今越南中部），因為這裡的地勢險要，又地廣人眾，適合作為根基之地。西元 1425 年，黎利正式發動對乂安的進攻，在進軍途中，安南民眾望風歸附，如軍隊行進至土油縣多雷鄉，當地的老少爭相持牛酒歡迎勞軍，說道：「沒有想到今天還可以看到我們國家的軍隊！」同時還有其他各地軍隊前來投靠，為此黎利約束軍隊，明令要求凡是軍隊所到各地，都要秋毫無犯，如果不是明朝軍隊官員所擁有的物資，就算再飢困，也不可以濫取，因此民心大悅。此後黎利軍發動進攻，但由於乂安城中明軍眾多，一時間無法攻陷，故黎利率軍先攻取乂安周邊之地區，在奪取周邊郡縣之後，對乂安城進行包圍，明軍堅守但不敢出戰，當時軍心動搖認為明朝將棄守安南，由是乂安大部分地區遂入黎利之手。

黎利據有乂安之地後，聲勢與實力大漲，西元 1425 年五月進圍西都，同年七月攻取新平、順化等地。至西元 1426 年，由於明軍主力被包圍於乂安等地，東關城（即今河內）空虛，黎利留下部分兵力後，出兵東關城，明軍見黎利軍勢銳不可當，於是遣使回國求援，明廷遣征夷將軍王通（？～西元 1452 年）等率五萬援軍前來，據《大越史記全書》記載，明將王通等人率領十萬人，分三道進攻，明軍十萬人與黎利軍交戰，史稱「崒洞之戰」，此役明軍誤中黎利軍計謀，大敗收場，黎利軍隊斬殺明朝尚書陳洽，內官李亮及士卒五萬人，溺死者甚眾，寧橋之水為之不流。生擒萬餘人，獲馬匹、軍資、器械、輜重、簿書不可勝計。就戰果而言，後世史家認為這樣的記載過於誇大，如越南史學家陳重金在《越南通史》一書中提到，越南史籍中記載安南軍隊不過數千人，何以破明軍十萬人，並斬首五萬餘人？他認為恐怕是修史者有意偏袒，致使與事實不符。但不論如何，此役在對明戰爭中可說是極重要的勝利，奠定了黎利往後獨立建國的基礎。

明軍在崒洞之戰遭受挫敗之後，征夷將軍王通有意與黎利議和，黎利亦欲不戰而屈人之兵，以減少戰禍，故雙方協議，明軍方面重提永樂年間張輔尋訪陳朝宗室之詔書，而黎利則尋訪陳朝後人陳暠（？～西元 1428 年）立為帝，然而關於此段歷史，《大越史記全書》記載：所謂「陳朝後人」的陳暠，只是黎利用來凝聚一時之民心且應付明朝的冒牌貨。但既然符合條件，明軍與黎利軍雙方議和成立，明軍準備退出安南。而在議和期間，都司陳封、參政梁汝笏、都指揮陳安榮等人以安南人身分投降明朝者，恐怕明軍離開之後自己會遭到清算，所以唆使王通破壞盟約，並加強城防及遣人返明求援。部分信使在途中被黎利軍捕獲，黎利震怒，使戰端再起。

西元 1427 年，明廷遣征虜副將軍柳昇（？～西元 1427 年）等將率軍攻安南，史稱「支棱之役」，此役明軍再次遭詐敗潰，主將柳昇於馬鞍山戰死，明軍陣亡者上萬。再經此一重大挫敗，雙方再提議和，黎利重提以陳朝宗室陳暠繼承大統的盟約，在明朝方面，明宣宗心知其中有詐，但是也想要藉此平息戰事，而接受了黎利的提議。因為在宣宗剛即位之時，就曾和楊士奇、楊榮語等大臣，討論過交阯的相關情勢，當時就有想要放棄的想法。事情發展到這種地步，於是下令群臣停止對交阯用兵，希望與民休息。所以，明朝方面早已明瞭所謂「陳朝後人」只是謊言，但明朝治下的安南叛亂不斷，為平叛投入之人力、物力已相當可觀，安南的戰局彷彿使明廷身陷泥沼，明宣宗即位初時便有意放棄安南，而適逢黎利以「陳朝後人」之名義擁立了陳暠，故明宣宗明知其偽，但為從安南戰局抽身，也順水推舟同意黎利之請。

西元 1428 年，明軍撤退，黎利命阮廌撰寫〈平吳大誥〉，此篇文告除了指責明朝假借宗主國弔民伐罪之名統治安南的非正義與不正當性外，也控訴明朝統治安南期間魚肉百姓，搾取明珠、黃金等珍奇異寶，以及稅賦繁雜等擾民之舉，另一方面則強調了黎利出兵抗明與安南獨立的合理性，但文告中也提到，既然明軍願意撤出安南，安南也將與明朝重新修好。這篇文告在越南歷史上有極重要的意義，越南史學家視之為繼李朝李常傑的「南國山河，南帝居」之後，第二次的獨立宣言，從此，安南再次獲得獨立。外患去除後，內部的矛盾浮上檯面，新朝之建立，以黎利的功勞最大，而被黎利擁立，作為抗明「神主牌」的陳暠，其處境便更顯尷尬。

在與明軍作戰後期，雖大勢底定，但黎利仍對明朝有防備之心， 故仍在西元 1427 年派遣使者赴明朝請求冊封陳暠為安南國王，但當明軍完全撤出安南，以黎利在抗明戰爭中的領袖地位，又豈能容許僅具虛銜的陳暠繼續位居其上？因此不少黎利的屬下心生不滿（亦有黎利暗中鼓動臣屬發難的說法），認為陳暠對於新朝無尺寸之功，居皇帝位難以服眾，故建議黎利殺之，而陳暠也自知不得人心，欲駕船逃離，於途中被抓，後在東關城服毒自盡。陳暠死後，黎利繼位為帝，史稱黎太祖，開創新朝為黎朝，但因與之前黎桓建立的黎朝同名，故史稱後黎朝。

黎利在陳暠死後，遣使赴明告知，獻上貢物以及兩尊由黃金鑄成的人像，稱為「代身金人」，越南史學者陳重金認為這是用以代替支棱之役中戰死的柳昇與梁銘，並請冊封黎利為安南國王，但明朝方面深知即便真有陳朝後人，黎利也不會承認，但又不想輕易許諾，故拒絕黎利，並要求他繼續尋訪陳朝後人，兩國使臣往來，一直到西元 1431 年，明廷才放棄尋找陳朝後人，並承認黎利為「權置安南國事」，此後安南每三年一貢，貢品中的兩尊「代身金人」也成為定制。至西元 1436 年，明廷才正式冊封黎利次子黎麟（黎元龍，西元 1423～1442 年）為「安南國王」。

黎利在重新統一安南後，著手整頓戰禍所造成的混亂，重訂秩序，在內政上如教育方面，在京城設置國子監，地方上則設學堂，安排學者講授儒學。同時延續前朝政策，以科舉選才，四品以下官員都需要通過明經科考試，文官與武官分別考經史與武經，地方各路也開明經科考試，選拔人才。此外也有針對佛道等宗教人士舉辦的考試，如果合格才能成為僧侶或道士，不合格者強制還俗。

律令方面，黎利參考唐代刑律，設有笞刑、杖刑、徒刑、流刑、死刑五類，法律規定，功臣、官員、軍民、老人等有罪，或犯案自首者，可酌情減刑。對於沒有正當職業，從事圍棋、賭博等業者，以嚴刑峻法對付，規定賭博則刖手三分，圍棋則刖手一分，無故群聚飲酒、茶者，杖一百，如果收容此類有罪者，也要連坐，但罪刑減輕一等。

軍事方面，成功建國之後，為財政考量，不再需要數量龐大的軍隊，黎利決定讓大部分軍隊解甲歸田，由二十五萬人減至十萬人，其餘返鄉務農。同時將全軍分為五番，每次由一番執勤，其餘四番返鄉耕田。

黎利因使安南重獲獨立，並撥亂反正，在越南史上被視為雄才大略的民族英雄，但另一方面必須指出的是，繼位為帝後，他猜忌多疑的性格也呈現出來，部分過去協助他建國的功臣，如陳元扞、范文巧等人，都因微末小事而獲罪處死，鳥盡弓藏，也被視為他英雄事業上的污點。西元 1433 年，黎利崩逝，太子黎元龍繼位，是為黎太宗。

黎元龍繼位時為僅十歲的幼童，因此主要的政務都交由輔政的大司徒黎察（？～西元 1437 年）掌管，黎察雖然是追隨黎利開國的從龍之臣，但卻是以戰功得爵，實際上不學無術，對治國一竅不通，除此之外，還藉輔政職務之便，從事許多非法勾當，行事作風驕橫，假皇帝之名排除異己，並私底下招募死士，似乎存有叛變的意圖，西元 1437 年，黎元龍誅除黎察，正式親政。

黎元龍雖收回對皇權的掌控，但畢竟太過年輕，又沒有適任的大臣輔佐並循循善誘，黎元龍不久即迷失在酒色之中，品德敗壞。西元 1442 年，黎元龍在外巡幸到至靈縣時，恰好已退隱的開國功臣阮廌隱居於此，故黎元龍前往拜訪，過程中發現阮廌的侍妾（一說為婢女）阮氏路才色兼備，故要求阮氏路侍奉，但隨後巡行至嘉定時，黎元龍因不明原因暴斃，朝廷在證據不足的情況下誣陷阮氏路弒君，屈打成招，並因此牽連阮廌相關人等，西元 1442 年阮廌等人遭夷滅三族，此即為「荔枝院慘案」。

西元 1443 年，黎元龍之三子，年僅兩歲的黎邦基（西元 1441～1459 年）繼位，史稱黎仁宗。因皇帝年幼，故暫由太后阮氏英（西元 1422～1459 年）攝政，一直到西元 1453 年黎邦基十二歲時才親政，但實際上仍由阮氏英掌控大權。多數越南史學家認為，阮氏英攝政期間為一太平盛世，並給予肯定，但黎邦基在位時間亦不長，西元 1459 年，黎邦基之長兄黎宜民（西元 1439～1460 年）民發動政變，黎宜民本為皇太子，但因其母楊氏驕橫而被廢為庶人，黎宜民也被貶為諒山王，成年後他對自己失去皇位繼承權大感不滿，故發動政變奪權。兵變中黎邦基與阮氏英被殺，黎宜民自立為帝，但他以篡弒奪位，不得人心，又屠戮舊臣，不久之後便被故皇太后阮氏英之父阮熾（西元 1396～1465 年）率兵捕殺，在位僅八個月。

二、黎聖宗時期內政與對外擴張

黎宜民被殺，阮熾另立黎元龍四子黎思誠（西元 1442～1497 年）為帝，史稱黎聖宗。黎聖宗即位時雖年僅七、八歲，但天縱英才，進行多項改革，是黎朝歷史上評價較高的皇帝之一，他在位期間的內政外交情況如下：

㈠內　政

黎聖宗對朝廷架構加以調整，後黎朝原有六部（吏部、戶部、禮部、兵部、工部、刑部）及六科（中書科、海科、東科、西科、南科、北科）之制度，於西元 1465 年改六科監察機構，負責修正及駁回六部過失。另外增設六寺（大理寺、太常寺、光祿寺、太僕寺、鴻臚寺、尚寶寺），各寺以寺卿、少卿、寺丞為寺官。地方上改原有之五道為十二道（清化、乂安、順化、天長、南策、國威、北江、安邦、興化、宣光、太原、諒山），其用意在於將地方分割更小，較易於治理，同時設置監察御史，監督各道官員施政。在各個國防險要之地，設守禦經略使負責防務，對少數民族的統治，黎聖宗則以團練、守禦、知州、大知州等職賜與其酋長，用以攏絡。

財政方面，徵收人丁稅、田地稅、土地稅、桑州稅，同時因經濟發展達到一定程度，規定除實物外，可用貨幣繳納，而也因為此種政策，黎聖宗相當重視貨幣的鑄造與發行，除每年鑄造一定數量貨幣流通外，也規定私鑄錢幣、攜帶偽幣等要處以重罪。

刑律方面，黎聖宗時期頒布了越南史上相當重要的《洪德法典》，以中國唐律為主要參考對象，再融合越南風俗與舊法，於西元 1470 年頒布，內容包含刑法、婚姻、家庭法、民事法、訴訟法，而其重要性在於此一法典成為後世的法律基礎，一直被沿用到十八世紀後期。

在文教方面，黎聖宗統治期間，推崇儒學而壓抑佛教。黎聖宗即位後，相當重視文教政策，因儒家思想作為有利的治國工具，故儒學得到重視。科舉考試繼續沿用，出題則採用儒家典籍的內容；在國子監中則設置五經博士教授監生，為了表示對儒學的尊崇，他下令修建文廟，並祭祀孔子。而對於自李朝以來便相當盛行的佛教，黎聖宗則刻意壓抑，將寺院所有地的田產全部收歸國有，並規定僧侶必須參加佛教經典考試，合格者方可繼續為僧，以此逼迫大量僧侶還俗，控制僧侶的數量。

此外黎聖宗時期也產生不少重要的著作，如西元 1469 年，黎聖宗命史臣吳士連開始撰寫《大越史記全書》，參考歷朝史書，自上古時期鴻龐氏開始撰寫，一直寫到黎利建立後黎朝為止，在此後黎中興朝時還有多次增補續修，但黎聖宗下令編纂《大越史記全書》，事實上是延續了《大越史記》以來安南民族意識體現的開端，此書也成為後世越南史研究的重要史籍。此外，黎聖宗時期也撰修了一些重要文集，如申仁忠、杜潤等奉命撰修的《天南餘暇集》一百卷，內容為黎聖宗時期的重要事件和刑律，而黎聖宗自己則編有《親征記事》，記錄了他御駕親征占城等國的事蹟。

㈡外　交

在外交上，黎聖宗時期可說是越南史上極為重要的階段，通過發動對占城、哀牢與盆蠻的征伐，進行領土擴張的政策，而也在這個階段，使大越可控制的國土往南大幅延伸，對今日越南國土輪廓的構成有重要的意義。在占城方面，黎聖宗即位初期，越占兩國便就領土問題有所摩擦，因兩國皆為明朝藩屬，故占城遣使請求明朝介入裁決，設立界碑，但並沒有太大的效果；西元1467年，占城遣使赴越，黎聖宗要求占城向大越臣服進貢，遭到拒絕；西元1469年，占城屢次出兵大越治下的化州，大越遣使向明朝申訴卻不得要領；西元1470年，占城王茶全（《明史》稱槃羅茶全，？～西元1471年）率兵十萬進攻化州，情勢危急，但此時占城國內卻因為不滿茶全的統治而產生內亂，黎聖宗抓準良機，發兵二十萬親征占城，占城軍敗退撤回國都佛誓，大越軍追擊而至，破城生擒占城王茶全，茶全在被押返大越途中病死。至此，長期為大越宿敵的占城基本上滅亡，大越將闍槃、大占、古壘等占城故地設為廣南道。由於明朝介入，大越允許占城在賓童龍延續香火，而華英、南蟠等小國，盡為大越附庸。

此外在西元1479年，黎聖宗發動了對盆蠻（在今寮國川壙一帶）與哀牢（今寮國）的征伐。最初是盆蠻曾向大越要求內附，大越將其故地劃為歸合州，但因統治方式仍由當地酋長琴氏世襲，大越朝廷派駐官員監察。到黎聖宗時，盆蠻以哀牢為外援，將大越官員驅逐，尋求自立，故黎聖宗於西元1479年派兵征伐盆蠻，盆蠻酋長被殺，剩餘民眾投降，大越派遣官員統治。而哀牢因協助盆蠻叛亂，派兵侵擾大越西部，黎聖宗派遣黎壽域等將領分率五路兵馬迎擊，大敗哀牢軍並加以追擊，據《大越史記全書》記載，此次戰役越軍攻入哀牢都城，哀牢王遁逃，越軍大肆搜括寶物，俘虜眾多哀牢人，並拓展領土至長沙河界，夾偭國南邊。

圖 17：黎聖宗時期的後黎朝疆界

三、莫登庸的篡弒

西元 1498 年，皇太子黎鏳（西元 1461～1504 年）繼位，是為黎憲宗。黎鏳在位時間不長，僅七年便崩逝，因時間短，任內沒有太大的變革，故越南歷史上一般都視黎憲宗為守成的君王。西元 1504 年，皇太子黎敬甫（西元 1488～1505 年）繼位，史稱黎肅宗，但黎敬甫繼位僅六個月，才 16 歲的皇帝便崩逝，故基本上沒有任何政績。黎敬甫死後，由其兄黎濬（西元 1488～1510 年）繼位，史稱黎威穆帝。黎濬繼位後，盡殺反對其繼位者，並沉溺於酒色，自他開始，黎朝皇帝再無英主，國勢漸衰。黎濬倒行逆施，招來國內勢力反對，甚至被出使的中國使者稱為「鬼王」，為求自保，他僱用了一批強壯的力士充任宿衛，而日後逐漸侵吞黎朝大權的莫登庸（西元 1483～1541 年）便在其中，西元 1508 年，他獲封天武衛都指揮使司指揮使，自此開始他篡奪皇位之道路。西元 1509 年，黎濬抓捕有意推翻他的一批宗室，下獄處死，但其中簡修公黎瀠（西元 1495～1516 年）賄賂獄卒得以逃脫，他脫逃之後潛往西都順化，聯絡舊臣，發兵擒殺黎濬與其黨羽。

黎瀠政變成功後，於西元 1510 年自立為帝，是為黎襄翼帝。但黎瀠繼位後情況沒有改變，他也是一個喜好享樂，疏於政事的君主，被中國使者譴稱為「豬王」，另一方面，莫登庸雖為前朝舊臣，但未在政爭中被清算，西元 1511 年，獲封武川伯，使他更加接近權力核心。在黎瀠在位時，國內爆發多起大規模的動亂，如京北的申維越、吳文綜，山西的陳珣，乂安的黎熙、鄭興等人，其中規模最大的為西元 1516 年自水棠縣起事的陳暠。陳暠聽聞讖語說東方有天子氣，便偽稱是陳太宗玄孫，率領其子與黨羽起兵，占領海陽、水棠、東潮等縣，自稱帝釋天降生，追隨者迅速形成萬人之眾。西元 1516 年 6 月，陳暠軍進逼菩提津，欲奪取京師，但被河流所阻，之後黎瀠御駕親征，將陳暠擊退，陳暠軍撤回鄂山，安和侯阮弘裕率領的官軍則屯於菩提營，防範陳暠軍的進犯。

但在局勢看似穩定時，京城卻發生內變。大臣鄭惟㦃（？～西元 1516 年）因數次進諫黎瀠，反被他杖責屈辱，羞怒之下，聯合黎廣度、程志森等人發動政變，秘密準備器械後，於四月初六夜晚攻入北宸門，擒殺黎瀠。此後，黎朝大臣與宗室為擁立皇帝問題產生內鬥，鄭惟㦃欲立僅八歲的穆懿王之子黎光治（西元

1509～1516 年），武佐侯馮邁則欲立錦江王之子黎椅（西元 1506～1527 年），雙方出兵互鬥，最後馮邁與黎光治皆死於變亂之中，阮弘裕（？～西元 1518 年）聽聞黎瀠被殺，率兵攻進昇龍，鄭惟㦃遂挾持黎椅至西都順化。西元 1516 年，鄭惟㦃擁立黎椅，是為黎昭宗。

此時昇龍兵力空虛，陳暠趁此良機，攻下昇龍，宣布恢復陳朝。在西都之黎昭宗則出面號召各地勤王，阮弘裕、鄭惟㦃及其姪子永興侯鄭綏（？～西元 1524 年）等各地諸侯分道進攻昇龍，陳暠軍被逐出昇龍，但仍有殘餘勢力流竄，鄭惟㦃率兵追剿，遭伏兵攻擊陣亡，但陳暠之殘部已不成氣候，被鄭惟㦃義子鐵山伯陳真追剿後趨於潰散。而另一方面，政府軍克復昇龍之後，阮弘裕與鄭綏形成兩大勢力，控制朝局，但平衡的局面並不持久。西元 1517 年 7 月，有人密告鄭綏等人謀反，阮、鄭兩方軍隊開始互鬥，衝突中鄭綏被逐出昇龍城，逃往西都清化，而與鄭綏同屬鄭惟㦃一脈的陳真（西元 1470～1518 年）則率兵趕赴昇龍城，驅逐阮弘裕，取得了朝政的控制權。在多方勢力的政爭中，駐守在山南的莫登庸始終未被捲入，當阮弘裕敗逃清化途中，莫登庸也未聽從陳真截殺的命令，讓阮弘裕脫逃。

陳真暫時獲得了全面的勝利，獨攬朝政，權勢薰天，莫登庸也畏懼其勢力，命兒子莫登瀛娶陳真女兒為妻以示結好，但陳真權傾朝野，也招來黎椅的不滿，西元 1518 年，黎椅以計誘陳真入宮並將他擒殺，此舉卻引起陳真部屬阮盎等人不滿，發動兵變在升龍城大肆搶掠，黎椅出逃至菩提津，下詔阮弘裕出兵，但阮弘裕按兵不動，黎椅無計可施之下，要求莫登庸勤王，而這便給予了莫登庸奪取政權的機會，莫登庸以勤王之名出兵，實際上則是作為傀儡皇帝的黎椅再次落入控制。莫登庸先以菩提津距離叛軍太近，擔心皇帝安危為由，將黎椅挾持至寶州，雖有大臣反對，但都被莫登庸所殺，與此同時，在西都清化的鄭綏另立黎朝宗室為帝，形成二帝並立的局面。

莫登庸與叛軍對峙，僵持不下，黎椅見無法平叛，又要求阮弘裕出兵。阮弘裕與莫登庸分道進擊，但阮卻遭叛軍大敗，逃回清化，黎椅只能完全倚仗莫登庸。西元 1519 年，莫登庸在軍事上取得重大勝利，一方面大敗鄭綏軍，另一方面則迫使陳真殘部歸降其麾下，以此功績，莫登庸受封明郡公。至西元 1521 年，進封為仁國公，並節制十三道水步諸營，黎椅並親自前往莫登庸府邸加封他為太傅，加上莫登庸多次平定內亂，聲勢可說是如日中天。

莫登庸為了將黎椅牢牢控制在手中，將義女送入宮侍奉黎椅，實際上是加以監視，其子莫登瀛封毓美侯，而莫登庸本人則大膽僭用皇帝的儀仗，這一切都讓黎椅深感不滿。西元 1522 年，黎椅暗中聯繫西都的鄭綏討伐莫登庸，自己也逃離昇龍，躲藏在山西明義縣，莫登庸遣人追捕不果，於是假稱黎椅遭奸臣挾持，改立其弟黎椿（西元 1507～1527 年）為帝，史稱黎恭皇。黎椅在山西號召勤王，一時間聲勢大振，但黎椅誤信佞臣讒言，致使人心離散，連鄭綏遣來護衛黎椅的屬下阮伯紀也被處斬，鄭綏盛怒之下，將黎椅挾持返回西都。西元 1523 年開始，莫登庸舉兵進攻西都，屢次大破鄭綏軍，至西元 1525 年，將鄭綏軍勢力驅除，黎椅被押返昇龍，西元 1526 年被莫登庸遣人秘密處死。

消滅反對勢力後，莫登庸基本上已是有實無名的皇帝，皇位唾手可得，即便朝中有反對者，也會立刻遭到肅清。西元 1527 年，莫登庸開始部署登位，首先在四月由朝廷加莫登庸九錫，封安興王；五月，有詩讚揚周公輔佐成王，暗諭莫登庸之功勞；六月，群臣開始製造請求黎椿禪位的輿論，至六月中正式禪讓，莫登庸繼位為帝，建立莫朝（西元 1527～1592 年），黎椿被降為恭王，數月後被逼自盡。自黎利立國至黎朝為莫登庸所篡，史稱黎朝前期（西元 1428～1526 年）。

綜觀後黎朝前期的史事，在越南史上的重要性大概有幾點，首先，由黎利率領的藍山起義驅逐了以發動非正義戰爭將越南納入領土的明朝，使越南避免了成為中國殖民地的命運，對越南國家命脈的存續有極大的影響，而戰後由阮廌撰寫的〈平吳大誥〉，則展現了越南的民族性與自信心，具有重要的象徵意義；其次，在黎聖宗時期的對外擴張，征伐占城、盆蠻與哀牢，將安南的國土往南大幅的延伸，則對近現代越南國土輪廓的構成打下了重要的基礎。

第五章 | *Chapter 5*

自立時期文化社會與經濟的發展

第一節　李朝社會經濟與文化的發展

自立時期的初期，包括吳朝、丁朝、前黎朝在內，因剛脫離五代十國時期的兵亂未久，且朝代更迭時間頗短，在社會經濟上沒有甚麼充分的發展，故自立以後政權得以穩固，使社會經濟復甦並進一步增長之時期，應該是自李朝建立之後開始的。

一、李朝的社會經濟

㈠農　業

在農業方面，為了減少水災帶來的農損，修建了機舍堤等河堤，並挖掘水渠等水利設施，以加強田畝的灌溉；除此之外，為了鼓勵農業生產，李朝也多次在遭遇災荒歉收時減免田稅，並每年給予士兵六個月的輪休時間，讓他們回鄉耕種。另一方面，除了原有的土地，李朝也擴大土地的開發，如李太宗時驅使五千名占城俘虜前往開墾荒地，對於在對外擴張中獲取的領土，也都以政策移民來進行開發。而與農作具有密切關係的牛隻，可說是農業社會的重要財產，李朝特地以法律加以保護，李仁宗時有法律規定，禁止宰殺水牛，犯法者將受刑罰，並以連保制防範水牛的安全，其對農業的重視可見一斑。但李朝的土地政策包括賜與王公貴族的莊園、拓刀田、湯沐邑，以及賞賜給僧侶寺廟的寺田等，卻都壓縮了一般農民可耕的土地，因此越到李朝後期，農民的生活越發貧困，故常引發地方上的叛亂。

㈡手工業

手工業方面，雖然在政策上對從事手工業者仍具有歧視，如工匠出身者不得參加科舉，但手工業包括紡織、陶器、冶金、造紙等都已有相當大的進展。紡織業製造的錦緞，除了作為進獻給宋朝的貢物外，也被李朝用來作為大臣的禮服；陶器方面，則在生產技術與藝術技法上達到更高的水準，陶器製作最主要提供給建築使用的磚瓦，李朝時已可燒製出白瓷、琉璃瓦，以及具有獨特花紋的大型磚，除了建築使用之外，瓷器各色的彩釉與陶器上細膩的雕花也已有相當程度的藝術價值。冶金方面，銅礦、鐵礦及較少量的金、銀開採提供大量的原料，一方面提供了日常生活的製器，如鑄

圖 18：李朝的佛像

錢、農具的使用外，另一方面因李朝佛教的盛行，鑄鐘、造佛像等藝術成果相當可觀，裝飾品、首飾等金銀工藝品也已相當精細。

㈢商　業

在商業方面，李朝時的陸路交通網絡比過去更加發達，在官道上設有「宮」與「站」，一方面加強中央與地方政府的聯結，一方面則增進了地方與地方間的交流，在這種情況下，通過陸路進行的商業貿易也因此得到保障而進一步發展。通過道路網的連接，山區與平原間的貿易更加頻繁，山區的香料、象牙、犀角等物產運往平地，平地的鐵器、食鹽等物資也運往山區，兩地的物產得到交換，在這樣的過程中商業活動更加活絡，但基於重農抑商的思想，商人的地位受到壓抑，且為了增加國庫收入，對於製鹽、冶鐵、香料、犀角、各地特產等，都收為國有，以各王公、公主掌管，負責徵收頗重的商業稅。

在國外貿易方面，通過陸路之外，也通過水路交通延伸，到達中國、占婆與暹羅。中越兩國在邊界進行貿易，邊界也因此形成幾個重要的貿易中心，如永平、欽州等邊境市鎮，中國人將錦緞等商品，安南人則將香料、象牙運至邊界進行交換；與暹羅等東南亞國家貿易則多通過海路，各國商船都集中在雲屯進行貿易。

二、李朝的文化發展

㈠思　想

李朝時期，佛教得到皇家的高度重視，李朝皇室對佛教的推崇，其原因出自於開國皇帝李公蘊年少時曾出家為僧，其後雖然還俗，但仍然篤信佛教，而在李朝建國的過程中，萬行（西元938～1018年）等僧侶也提供了相當的幫助，諸多因素都使李朝皇室對佛教崇信，並給予極高的禮遇，如萬行禪師在李朝建國後被冊封為國師，許多僧侶也都獲得封地，並可入朝參與朝政。在佛教宗派方面，則有中國禪宗僧侶草堂所帶入的草堂禪派，李朝多名帝王皆成為草堂禪派弟子。除此之外，李朝皇室曾多次動用國庫經費鑄造廟鐘，並興建多所寺廟，李公蘊也曾親自為僧侶剃度，並通過遣使宋朝時，頻繁的帶回佛教經典。而上有好者，下必甚焉，皇家對佛教的尊崇，連帶使民間對佛教的信仰也為之興盛。

除了佛教之外，李朝時的另一個文化主流是儒家思想，李朝皇室雖然崇信佛教，但佛教追求來世與死後解脫的教義，畢竟太過消極，並不適合用來作為建立國家的中心思想，而積極且講求實際的儒家思想，則極為適合樹立階級制度，建構中央集權政府，儒家思想因此受到李朝皇室的重視，成為穩固中央集權統治的有力武器，而散佈並落實儒家思想的具體方法，則是通過建造文廟，為周公、孔子與其弟子塑像，更重要的是開辦科舉考試，並設國子監招收學生，通過考試與教育使儒學流布並深植於百姓的思想中，讓他們能服從政府，以確保中央集權統治的正當性。

㈡文化藝術

李朝時期在文化上與宋朝交流頻繁，宋朝的文化與典章制度多有流入安南而被李朝模仿者，除了前述通過科舉與教育傳播儒學外，另一方面則大力推廣古漢文詩詞、賦、經文等文體，中國的寺廟等建築風格也成為安南模仿的對象。

圖 19：越南水上木偶戲

而在民間，安南則發展出有自己特色的藝術形式，歌唱、舞蹈除了受到中國影響外，也吸收了來自占城等地的音樂元素，女性舞者跳舞，樂師在一旁演奏音樂，有時也會與說書、遊戲等其他藝術形式結合。除此之外，在佳節時舉辦活動，除了唱歌、划船競賽等節目外，作為越南獨特藝術的水上木偶戲在此時也已相當發達。

第二節　陳朝社會經濟與文化的發展

李朝末期政治局勢混亂，經濟也受到影響開始衰退，直到陳朝建立，才開始整頓內政，再次發展社會經濟。

一、陳朝的社會經濟

(一)農　業

李朝時因土地政策施行不當，導致末期變亂叢生，而陳朝取而代之後，為了收攏民心，首先要做的便是改變土地政策，以改善土地與生產者的關係，這在陳朝初期凝聚人心對抗元朝上發揮頗大的作用，但擊退元軍後，以田莊、封地賞賜有功之臣及貴族的做法又再度出現。對於因戰亂而荒廢的土地，陳朝驅使囚犯或召集流離失所的農民，重新加以開墾，另一方面，為了增加農業生產力，也實施了「寓兵於農」的政策。士兵在服役一定時間後，可以返鄉從事農耕，等到戰時再徵調入伍；同時再度疏濬水渠，確保對田地的灌溉，建設堤防等水利設施，防止水災造成農害；為了提升生產力，還設置莊園正使、副使等職位來管理莊園並督促墾荒。在農業技術方面，深耕技術與一年四收的新稻種大幅增加了收成，除了稻作也種植雜糧，糧食作物外，則種植果樹或提供蠶絲業所需的桑樹。

而在繳納田租方面，陳朝時也從繳納實物轉向以貨幣支付的方式，如有田一至二畝者繳納一貫錢，有田三至四畝者繳納二貫錢，五畝以上繳納三貫錢等，包括鹽田也改以貨幣繳納，相較於繳納實物時可能產生的剝削，繳納貨幣的方式在某種程度上刺激了農業的發展。

(二)工業與商業

陳朝時期的工業，仍以手工業為主，但相較於過去，有進一步發展的情況，是在地方上同類型手工業者群聚村落的出現，如有生產斗笠工匠群聚的村落。在都城中的情況，則是在皇城周邊規畫了六十一個「坊」，作為人民居住區，在這六十一個坊中分布著集市、手工業作坊和作為商業區的街道。同時在李朝已經發展的水陸交通基礎上，持續擴展交通建設網絡，平原與山區的物產交換貿易仍然持續，在水路運輸方面則有很大的進步，造船技術已可造出由一百人搖櫓的大船，行駛於內河與沿海地帶，將各地物資販運至不同地區，而對外貿易主要還是持續在雲屯進行，中國與東南亞各國的商船皆在此聚集貿易。

二、陳朝的文化發展

㈠思　想

在思想方面，與崇信佛教的李朝不同，到了陳朝，儒家思想已漸占上風，主要原因在於經濟比過去進一步發展，社會結構也比過去更為複雜，佛教的宗教模式已不足以讓統治階層保持優勢地位，而強調階級服從的儒家則成為陳朝統治的新工具。因受到政府的重視，包括皇帝與政府官員在內的儒家信徒開始對佛教進行批判攻擊，致使佛教勢力漸衰，被儒家取代，但需要指出的是，佛教勢力的衰退僅指在官方而言，在民間佛教依然流布甚廣，具備相當影響力。

㈡文化藝術

從陳朝開始，越南文學開始有巨大的變化，此種改變的主因來自於喃字的使用。在陳朝以前，越南文學多受到中國的影響，雖然在語言方面逐漸擺脫中國王朝取得自主，但在文字書寫與創作上，漢字始終是主流，使口語和創作上形成了隔閡，直到陳朝之後，才出現了用喃字書寫的文學形式。

喃字創始於西元十至十一世紀間，是一種建基於漢字，以漢字為素材，通過形聲、會意、假借等造字方式將越文讀音文字化的越南文字，雖然在陳朝之前已存在，但並非主流。陳朝開始出現喃字文學後，最大的改變即在於口說話語可直接轉換為文字，而不需先寫成漢字後再翻譯，更進一步將中國文化從越南文化中抽離，故用喃字書寫多半被後世學者視為越南民族文學的開端。使用喃字書寫的文學作品，較著名的有阮詮〈祭祀鱷魚文〉。

除此之外，陳朝其他重要的文學作品，如張漢超的〈白藤江賦〉、陳光啟的〈從駕還京師〉，黎文休所著《大越史記》雖已散佚，但被視為越南史上第一部正式的官修史書，起自趙武帝，迄於李昭皇，對後世越南史籍與歷史研究皆有重要影響。此外如陳太宗等歷代帝王，以及陳國峻等宗室，或是富有才名的莫挺之等人，都在陳朝時期留下不少重要的個人作品。

戲劇方面，在史書記載中可以發現，陳朝通過戰爭的俘虜與來自中國的投降者，吸收了中國戲劇的劇本與表演模式，一方面豐富了戲劇的故事性和服裝外，並將其融合發展出攀繩、木偶戲等表演形式。歌唱方面延續了李朝的歌妓表演，並進一步加入了吟詩、念賦的內容。在雕塑方面，陳朝雖延續部分李朝時的傳統，但也發展出更豪放及寫實的風格，如陳守度陵墓上肌肉紋理立體的石虎雕塑便為極具代表性之作品。

第三節　後黎朝社會經濟與文化的發展

經歷二十年的屬明時期，在黎利率領的藍山起義中驅逐了明朝軍隊及官吏，重新取得自主統治權。黎利建立後黎朝後，有鑑於多年征戰造成的殘破及經濟蕭條，開始整頓內政，重振經濟。

一、後黎朝的社會經濟

㈠農　業

在後黎朝之前，包括李朝、陳朝與屬明時期的土地政策，如將土地賞賜給王公貴族的莊園制度，或是賞賜給僧侶作為寺產等政策，都對農民的生存產生了壓迫，而黎利藍山起義有相當大部分的基礎便來自於農民的支持，但開國之後，農民無地可耕的情況仍然存在，為了安撫民心，黎利開始推動均田制，令府縣官員丈量土地製成帳冊後，按照身分等級分配土地，但土地只是國家分給人民耕種並收取田租，其實便是把農民轉化成國家支配的佃農，故均田制並非讓農民擁有土地，但均田政策在某種程度上也使農民生活得以自足，從而穩定了社會，也使因戰亂而荒蕪的田地逐漸恢復。

但除了以均田制使農民得以自足並繳納田租外，因戰亂造成的人口減少，突顯出農業人力的不足，故黎利又下令讓軍隊士兵可輪番回鄉耕種，並對賭徒、遊手好閒者施以斬手等重罰，雖被部分史學家認為太過殘忍，但除了逼迫人民返回田地耕種外，也在改善治安上達到一定的效果。而與之前的朝代相同，後黎朝也多次疏濬水渠，建設堤防，加強水利灌溉與防止水災，並多次下令減免稅賦。

㈡工商業發展

通過均田制與農業恢復政策的推行，使農業收穫也有所成長，農民得以自給，賦稅也可順利上繳，在穩定的社會局面下，形成了恢復工商業發展的條件，並使貨幣經濟與商品經濟有進一步的發展。後黎朝時期主要的工業為紡織、造紙、油漆、印刷業等，另一方面，後黎朝官方設置了「百作諸局」，將有專才的工匠集中，用以生產朝廷君臣需要的衣帽服飾、祭祀用具等用器，也包括作戰用的兵器，此外建造寺廟等建築也會徵用許多木匠與磚瓦匠，通過被徵用服匠役的過程，增進了手工業工匠的技術，也因此促進了相關產業的發展。

而與手工業發展相應的，便是商品經濟市場的活絡，大量手工藝製品可以在市場上購買，因此為了減少交易上的糾紛，後黎朝規定包括布、綢、紙等產業皆需訂立度量衡標準，訂出一致的長度、張數單位；然而後黎朝對各地民眾移動往京城貿易，仍設有一定的控管，需持有「文引」（即通行證）並經過關隘的審核才能通行，在某種程度上還是對商業產生了限制。

對外貿易方面，持續在邊境與中國貿易，而中國及爪哇等地商船也前來沿海交易，但對外貿易則由國家全部壟斷，私人不得進行對外貿易，若有違反者將被處以罰款，甚至流放的重罰，但即便有嚴格禁令，逐利之徒還是私下進行走私，其中不乏政府官員涉入，從中牟取暴利。整體來說，後黎朝初期的農業與土地政策施行成功，為經濟發展打下了基礎，而手工業和商業的發展則進一步帶動了整體市場經濟的成長。

二、後黎朝的文化發展

㈠思　想

在後黎朝建國之後，儒家思想已成為絕對的主流，成為統治者治國與百姓所遵循的主要法則，而後黎朝崇尚的儒學又來自於宋儒的理學，因它最能體現為君主制度辯護、建立並維護階級制度、要求階級服從，以及鞏固社會穩定等精神，即為中央集權的政府所服務的思想學說，故受到後黎朝統治者的青睞。而在儒家思想獲得統治者的極力擁護時，後黎朝時期的佛、道教則受到貶抑，儒生的地位得到提升，僧侶、道士的地位則日益低落，其原因在於後黎朝統治者對佛教、道教進行了限制政策。

㈡文化藝術

後黎朝開國初期，較為重要的文學作品，為阮廌所做之〈平吳大誥〉，本文寫作於黎利將明軍驅逐出安南，重新使安南獲得自主之後，在這篇文章中，一方面大力指責了明帝國假借弔民伐罪實則侵占他國領土的不正義行徑，也暴露安南屬明時期明廷壓榨民力、搜刮珍寶等苛政，一方面則強烈表達了戰勝強大明朝的安南人民之自信心、自尊心，展現了安南人的民族性以及開國的氣勢，是後黎朝建國初期文學的代表作。

而除了〈平吳大誥〉等使用漢文寫作的文學作品外，阮廌等文人也使用喃字進行民間文學的創作。喃字並非後黎朝官方主要使用的文字，但在民間，阮薦等文人使用喃字來進行創作，如阮薦的〈家訓歌〉，內容描寫商人階層因貿易提升其經濟地位，商品經濟的發達破壞了原有的農業經濟型態，進一步壓迫農民生活，並對這種行為進行了批判。這種突顯社會問題，為人民發聲的文字，又使用一般民眾熟悉的喃字來書寫，使它更能貼近一般人民，更容易被平民所接受及流傳。

到了黎聖宗黎思誠在位時期，文學藝術又達到另一個發展的高峰，首先是在西元 1469 年，黎思誠命史臣吳士連撰寫《大越史記全書》，以《大越史記》等歷朝史書為基礎，日後多次增補續修，才成為今日所見的成書樣貌，但最重要的是最初由黎思誠下令編纂《大越史記全書》時，開始展現了一種安南的民族意識，故此書也受到後世的重視，成為越南史研究的重要史籍。

而在詩詞創作方面，黎思誠執政時期也獲得極大的成果，皇帝黎思誠本人便是擅於詩詞創作的文學家，他設立騷壇團，且自稱騷壇元帥，團中總共有二十八名官吏，使用漢字或喃字創作詩詞、互相唱和，著名的詩集包括《瓊苑九歌》、《洪德國音詩集》等，雖有後世史學家批判此為皇帝與近臣間相互吹捧之舉，但不可否認它對後代越南的民族詩歌與文學發展有長遠的影響。

在其他文學作品方面，黎朝因驅逐了明軍，重新取得安南的自主，故民族意識在此時呈現空前的高漲，在這種情況下產生了民族文學的撰寫及編纂，這些作品如武幹（西元 1475～？年）所著《松軒集》，主要談論歷史、地理等內容；武瓊（西元 1453～

1516 年）所修正校訂的《嶺南摭怪》，這本書記載眾多的民間神話、故事、傳說，並為此故事集撰寫跋；阮嶼編寫《傳奇漫錄》，則是談論越南的風俗、信仰；還有楊德顏編輯的《古今詩家精選》，收錄陳朝末年至後黎朝初年的四百多首詩歌。凡此種種，皆是安南民族文學趨於興盛的跡象。

第 III 篇

現代越南的形成

第六章 | *Chapter 6*

邁向統一的越南與西力東來

第一節　後黎朝中晚期與南北分裂

後黎朝為人稱頌的黎聖宗於西元 1497 年過世，安南的國力日漸衰退，王室大權旁落，都指揮使莫登庸乘機崛起。西元 1519 年莫登庸擊敗鄭綏大軍後，進爵明郡公，節制水步諸營，後再加太傅銜，節制十三道水步諸營，後黎朝軍權在握。西元 1524 年莫登庸進封為平章軍國重事、太傅、仁國公；西元 1527 年迫黎帝禪位，自稱皇帝。越南歷史面對南北分裂與外力入侵，進入近世階段。

莫登庸受禪稱帝，史稱莫朝（西元 1527～1592 年），五傳至莫茂洽，有國六十五年，但《大越史記全書》只把莫氏政權附錄於本紀之後。時因越南內亂，二十年不朝貢，又有後黎朝官員赴北國（明朝）求援，引起明廷關注安南篡奪之事，明廷中央以興滅繼絕之名，打算調派大軍南下興師問罪。然廣東、廣西、雲南等地方大員認為邊境昇平已久，無用兵之意，竟與莫氏密商，得莫登庸允諾願親自前來鎮南關投降。明廷改而承認莫氏政權，但將安南改為「都統使司」，國王改為「都統使」，然莫登庸仍然在昇龍自為皇帝，追尊號太祖。莫登庸稱帝後，莫軍控制清化以北地區，又議定兵制、田制、祿制及仿前朝各部門和地方官制，依例編補之，且於 1529 年舉行科舉取士，於是人心大定。

後黎朝舊臣阮淦（西元 1473～1545 年）在哀牢迎立黎莊宗（西元 1515～1548 年）進行反莫復國戰爭。在阮淦及其女婿鄭檢（西元 1503～1570 年）的軍事力量支持下，瀕臨滅國邊緣的黎莊宗，從清化山區向河內進發，大權實際完全掌握在阮淦手中，黎氏皇帝仍是傀儡政權。自黎氏復國後，遂以阮淦為太師興國公，政權幾乎由阮淦把持。西元 1545 年阮淦過世，鄭檢繼承阮淦大權，受封為「都將、節制各處水步諸營、兼總內外平章軍國重事、太師、諒國公」，權傾朝野。阮淦次子阮潢（西元 1525～1613 年）因不滿鄭檢弄權，自請出鎮南方的順化，卻一去不歸，自立於廣南地區。西元 1570 年鄭檢過世，其子鄭松（西元 1550～1623 年）上臺，開始排斥阮淦家族。兩家雖有姻親關係，但是勾心鬥角，互相爭權奪利。

雖然於西元 1592 年阮鄭合力擊敗當時莫朝的第五代統治者莫茂洽（西元 1563～1592 年），奪回黎朝京師，史稱黎朝中興（西元 1533～1789 年）或稱後黎朝後期。但實際上，自西元 1558 年阮潢出鎮廣南至西元 1788 年西山阮興起之前，十六世紀中葉至十八世紀的越南形成分裂之勢。以昇龍為中心的北圻地區是傳統王朝所在，史稱後黎朝後期，而政權卻被鄭氏家族把持，史稱鄭主，西方人稱這裡為東京 (Tonkin)。中圻以南是以順化為大本營的廣南阮氏 (Quang-Nam Nguyen, 1600～1777)，因不滿鄭主獨霸而出鎮順化，其實亦獨立自主，清朝稱之為廣南國，西方人稱之為交阯支那 (Cochin-china)。

一、鄭阮七次戰爭

西元 1623 年鄭松患病將兵權大政交與其子鄭梉（西元 1577～1657 年），趁中國明清交替之際，鄭梉（西元 1577～1657 年）於 1627 年差官員假皇帝之名向廣南國阮氏索取三年稅銀，被拒後挾天子出兵攻打廣南國，遭受阮氏名將阮有鎰（西元 1604～1681 年）強力抵抗，損失慘重，是為第一次鄭阮大戰。此後至西元 1672 年止，鄭阮之間於 1630 年、1643 年、1648 年、1655 年、1661 年、1672 年共爆發六次戰爭，總計七次大戰。

鄭柞（西元 1606～1682 年）在 1645 年以副都將太保西郡公進封為欽差節制各處水步諸營掌國權柄左相太尉西國公，開謙定府，凡國家庶務，悉委裁決。黎神宗（西元 1607～1662 年）在位時，鄭梉於 1657 年逝世，鄭柞被尊封為「元帥掌國政西定王」，其後又封為「大元帥掌國政尚師西王」。值得留意的是黎神宗兩度執政（西元 1619～1643 年、1649～1662 年），都是鄭阮之爭內戰最激烈的時間，鄭柞的影響力主要是在軍事作為上，對於內政的改革則是在黎玄宗繼位之後。

西元 1661 年，掌握北方軍政大權的鄭主（鄭柞）企圖一舉殲

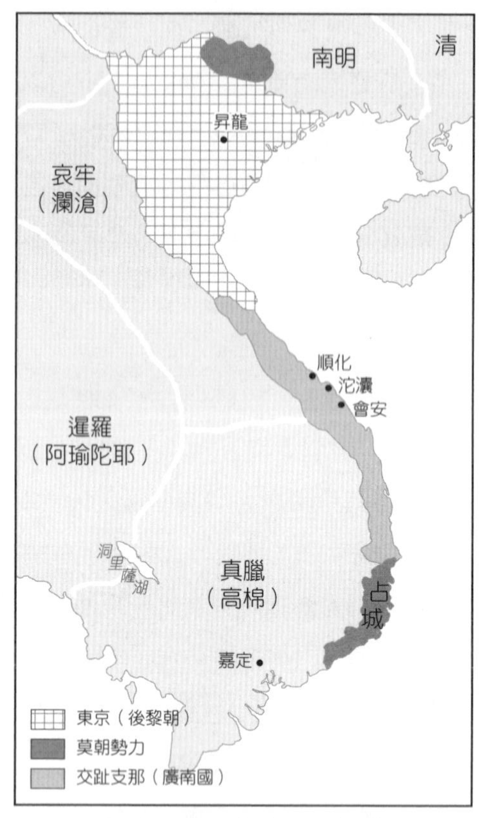

圖 20：1650 年的越南局勢

滅阮主，一統天下，因而親扶皇上黎神宗大駕親征，分三道進攻，可是歷經四個月卻無所寸進。阮福瀕憑藉著險要的地勢防守，軍隊因為停留已有一段時日，攜帶的糧食漸感匱乏，加上當地氣候炎熱，不適合停留太久，於是下令軍隊班師回朝。這一役對黎朝而言是大災難，因為黎神宗班師回朝便一病不起，於 1662 年九月去世。年僅九歲的黎玄宗（西元 1654～1671 年）繼位，鄭柞大權在握。

二、鄭柞轉向內政

當 1661 年南北分治之局大致形成後，雖然往後十年仍有對南方發動戰爭，但鄭柞的軍事角色已轉向內政。1671 年黎玄宗忽然去世，時年十七歲，無嗣，其弟黎嘉宗繼位，年僅十一歲，鄭柞完全操縱國家大政。1672 年鄭柞又再燃起南征戰火，再次親扶皇上（黎嘉宗）御駕親征，向南方發動戰爭，戰事從八月至十二月，鄭軍卻始終無法突破阮軍的固守，且由於內政的牽掛，對南方的戰鬥一直在減弱中，而廣南國唯靠阮有鎰竭力死守，幸時為臘月，天雨寒凍，加上鄭柞之子鄭根（西元 1633～1709 年）於瀘江病重，鄭主遂留兵駐守、撤軍北返昇龍，終於在 1673 年大敗後與阮主簽訂休兵協定，以瀘江（即今之爭江）為劃分南北的界線。自此鄭主為北國內政纏身，不再覬覦南朝，此時的鄭柞已把心思轉向內政。

當 1663 年黎玄宗繼位，由於年幼，鄭柞得以完全發揮治國理念。這一年他以整頓內政為目標：三月「禁天下官民賭博」、七月「申明教化四十七條」，其中涉及宗教的有「毋托僧尼以避役」和「男女勿為巫覡之徒」、十月「禁天下學花郎道（天主教）」等。從 1663 年教禁至 1692 年耶穌會勒魯瓦耶神父抵達東京，北圻皆處於教禁時期。

在教禁期間，鄭柞下令摧毀教堂，南部省區大約有兩百座教堂被破壞，甚至鞭打信徒，獎賞捉拿基督徒者，而傳教士被拘禁之事也曾發生。政府又禁止外國船隻進入昇龍，外國船隻只准停泊在舖憲 (Pho-Hien)。但在 1670 年東京教區成立了第一個越南女修道院 (Vietnamese Catholic Sisterhood)，修女們以 “Lovers of the Cross” 的精神來教育年輕的女孩，教導她們如何照料有病的女童和婦人，扶持貧窮的女性，以及為死亡的女嬰施洗等工作，而且並未限定只有基督徒才能得到幫助。也因為這樣，修女們的行動頗獲得人民的好感。

西元 1683 年，鄭柞的兒子鄭根上臺以「六條」戒敕中外臣庶，對基督教的態度比父親更為嚴厲，嚴禁基督教聚會、懸掛耶穌像、十字架和一切宗教服務，並下令拘禁所有歐洲傳教士。因此，有些傳教士會喬裝成商人或一般人裝扮來掩飾，勒魯瓦耶神父就是在這艱困的境況下進入東京，在短短的七年間為五千六百二十人洗禮、聽了五萬八千〇九十四人的懺悔，以及為四萬八千七百〇七人授了聖體。

而清化以南就是乂安和布政，勒魯瓦耶神父就以此區作為基地進行傳教工作。1696 年黎朝廷再次「申禁天下學花郎道」，並對基督徒進行迫害。

黎朝總國政定王鄭根於 1709 年逝世，其子鄭棡（西元 1686～1730 年）進封為元帥總國政安都王，鄭棡上臺後積極有為、整頓風氣，推行「平治之政」十六條，其中有「明教化，正風俗」之策。可能受到近年逮捕洋教士入獄日多的影響，又重新頒布「禁花郎道」的敕令。

越南黎朝在 1712 年 「禁花郎道」，而中國清朝 1644 年建國後，對基督教持開放的態度，但到了十八世紀初清廷開始進行教禁，如禁止西洋人立堂設教。中越兩國教禁時間之接近，應是事出有因，就是同樣面對羅馬教廷的教權挑戰。

三、傳教士入越

1533 年，葡萄牙神職人員衣泥樞 (Ignatio) 潛來南真之寧疆、群英，膠水之茶縷，以爺蘇左道傳教。南真在今越南北部的南定省，鄰近沿海地區，符合當時西方人東來的航海交通線上。此時剛好是黎朝為莫登庸所篡奪，莫氏統治越南北部時，對外國傳教士並不仇視 ， 1581 年有八位傳教士由柯必薩 (Diego de Oropesa) 神父帶領坐船抵達廣安的港口，陪同的神父有域懷士 (Baratolome Ruiz)、奧蒂斯 (Pesto Ortiz)、蒙道拉 (Francisco de Montulla) 及四名實習神父來到東京，當時莫朝統治者莫茂洽曾熱情接待這批外國人，目的是想利用傳教士的關係加強與外界的聯繫和獲取軍火的資助，可是這批傳教士並沒有提供這方面的幫忙，因此他們在東京並沒有成果，只有一次宗教活動是為一名小孩進行終敷禮。1585 年他們全部離開東京回到澳門。大概同一時間，約在 1535 年，西方教士巴利亞 (Antoine de Paria) 抵達越南中部的沱灢（峴港）傳教，但效果不大，因為當時廣南阮氏仍未立國，加上此處原是占城和黎朝激烈衝突的古戰場。

十六至十八世紀越南分裂時期的南北政權，都會利用海洋關係與外地連接起來，一方面是貿易利益，另一方面是利用此機會取得軍事支援。如黎氏復國大將軍鄭松於 1591 年以「復黎滅莫」

進攻北方時，黎軍中便有兩名傳教士德告士打 (Alfonso Ducosta) 和吉奧沙凡 (Joan Guosalver) 同行，另一名傳教士德瓦諾 (Pedro Ordonez de Decevallos) 謁見黎世宗並為世宗姊姊和五十一位修女進行祈禱。同年因戰爭不利，這幾位神父被莫氏驅逐出境。可見十六世紀時傳教士已介入越南境內的不同政治勢力中，傳教士所扮演的角色很值得重視，有時他們會成為皇家顧問、醫師和外交使者。

十七世紀上半葉，黎朝鄭主似乎十分重視海外的貿易活動，對傳教士的活動採取寬鬆的態度，但當 1663 年東京教徒已超過三十萬人，教堂達四百座時，執政者開始緊張，推行教禁政策。教禁前從 1631～1662 年共三十一年，到東京的傳教士有二十一人，但從 1663～1691 年共二十八年，只有八人順利進入東京。也就是說，在這一段「禁花郎道」的時間裡，基督教的傳教活動受到嚴重的壓縮，同時對外貿易也相應地受到影響。

因此，1692 年企圖挽救海外貿易，教禁政策似乎有所鬆動，從 1692～1695 年雖然僅有三年，卻有高達十一位傳教士進入東京，這應該是在寬鬆的政策下才有可能，當時荷蘭和法國等都有商館在東京。1692 年「法國貿易公司」代表基贊被允許在東京活動，而奧朗主教和巴西萊主教竟以法國貿易公司成員來掩藏傳教士的身分從事宗教活動。

1696 年「申禁天下學花郎道」的敕令再次下達，且是嚴格執行，一些傳教士被強迫離開或躲藏起來。1712 年奧朗主教等傳教士被監禁及杖擊，而法國貿易公司代表基贊被驅逐出境。黎朝的教禁越來越嚴厲，貿易已不是考量的因素，意識形態才是主軸。

十八世紀初期，黎朝對基督徒的迫害十分殘酷。1721 年，義大利人梅沙利神父死於獄中；另一位義大利人布夏萊利神父和九名越南籍的基督徒光榮地獻出生命；此外另有一百五十名新入教者被判飼養大象。1721 年之後，政府迫害基督教的政策仍然持續著，資深的傳教士負擔越來越重，東京基督徒希望有新的傳教士派往該地協助傳教工作。

1721 年和 1737 年二次教案中，共有十人被斬首，其中一名是神父，五名講授教理者、一名懺悔師、一名神職人員和二名信徒。也就是說，十位死刑犯中有八位是神職人員，只有二位是信徒，這批人都按照國家大法的程序，經過法院的審訊及判決而定案，其中亦有法外之恩的赦免機制可資運用。最後神職人員及二名信仰者因為犯了「禁花郎道」的國家大法而被判斬首之刑。在這批被殺害的基督徒中，除了義大利人布夏萊利神父是外國人外，其他九名判死刑者都是本國人。這次判決似是年度終審的結果，而非針對基督徒作特別的處理，基督徒被視為犯法之人，一起遭受國家刑法的判決。可見，在黎朝政府的觀念中，「禁花郎道」就是國家法令，違令者受罰。被捕者如願在十字架上踏過去，表示出教的行為，便會被赦免，如是外國傳教士應會被驅逐出境，這是黎朝政府的一貫政策。

黎景興（西元 1740～1786 年）年間，鄭主鄭楹（西元 1720～1767 年）當政，以一種更嚴酷的方法，禁止人民信教，對各教長、教徒格殺勿論。然而物極必反，陳重金說：禁教之令日嚴，而傳教之人卻不以國法為懼，一味盡力勸更多的人入教。後來國人逐漸分教民與非教民，彼此怨恨，甚於仇敵，越南社會因基督教問題而分裂。

第二節　廣南建國與往南拓展

自 1600 年以後，廣南在阮潢刻意經營下，歷經阮福源（西元 1563～1635 年）、阮福瀾（西元 1601～1648 年）、阮福瀕（西元 1620～1687 年）和阮福溙（西元 1650～1691 年）的努力，面對北方鄭主七次南侵，最終抵擋住了鄭主對順化的軍事野心。雙方以瀌江為界，形成南北分治之局。阮氏已無北顧之憂，便以順化為京師，積極往南方發展，雖以黎朝為正朔，但儼如獨立自主之國，史稱廣南國（西元 1558～1788 年）。

一、廣南國家體制

阮福源之後，廣南各地官員都由阮主派遣，自行任免，在未設科舉之前，廣南基本上是以軍事為主的國家體制，當設科舉後，也是以軍事統治為主的政治框架。

在阮主駐蹕之處的稱正營，設三司：舍差司（訴訟文案）、將臣吏司（收稅糧運）、令史司（祭祀薪餉）治理政務。每司設該合、首合和各吏司處理各事。

正營以外的各營只設一令史司，兼管舍差司、將臣吏司所管之事，或設舍差司、令史司管軍民、訴訟、丁田、賦稅等事。

營之下地方為府縣，設知府知縣管訴訟之事，其下有提吏、統吏專司監察，訓導、禮生主地方祭祀，稅收另設官管理。

阮福瀾時又增設四柱官（內左、外左、內右、外右），襄助阮主治理民事。而武官則設掌營、掌奇、該奇、該隊等官管軍事。軍隊分為五奇：中奇、左奇、右奇、前奇和後奇，軍人數目不足三萬，但已能雄霸南方。

1647 年廣南開科取士，稱為正途試和華文試。1695 年和 1740 年科舉考試都有所增修，越南史者陳重金謂：「南方的科舉制度，尚甚疏闊、簡陋」。

賦稅方面，田稅分三等納稅，公田由百姓耕種者要納稅。礦稅包括開採金礦、銀礦、鐵礦等都必須納稅。各國船隻進入廣南貿易都要徵收出入境稅，船稅根據不同港口課徵不同稅率。這種貿易船稅，六成上繳國庫，四成留給收稅官吏兵丁等。

在外交上，1702 年阮主曾向清朝遣使求封，然被清朝拒絕，謂安南黎氏已授封為王。但阮主仍然自稱國主，鑄「大越國阮主永鎮之寶」以為傳國之寶，一直援用至阮朝立國始廢。

阮主至 1744 年才開始稱王號，改府為殿，改制定朝服等，但是仍然不脫軍事色彩，如全國仍以營的概念來統治，正營（在富春，即現今的順化）、舊營（在愛子，即廣治省登昌地區）等共十二營，其中三營原為占城之地，三營原為真臘之地。換言之，廣南國的勢力範圍已從濘水向南擴張至湄公河三角洲。

二、廣南國往南拓張

廣南國並沒有逐鹿中原的意願，主要是往南拓張。1611 年往征占城，置富安府，1693 年又因占城不修貢職，攻占其地改為平順府，又將潘旦、潘郎改為安福、禾多二縣，占城國至此亡國。阮主又經常介入真臘（柬埔寨）內爭，從 1658～1674 年數次出兵真臘，終使真臘一分為二，而駐蹕於柴棍（今胡志明市）之副王匿螉嫩被逼迫向廣南朝貢，並允諾保護來謀生的安南人。

早在 1644 年，因明朝亡國，一些在會安做生意的明朝人滯留不歸，其後更多義不臣清的明人南來投靠，廣南政府將這些明朝遺民編戶齊民，名之為「明鄉人」。這些明鄉人成為廣南在南方開墾的先頭部隊，如 1679 年明朝遺臣楊彥迪、陳上川、陳安平等率船五十艘，兵三千前來投靠，這批人被阮主安排去真臘之盤龍（邊和）、美萩（定祥）等地墾田、做屋、設鋪市街坊等。也就是說，趁真臘勢弱，遣派投靠之明朝難民來開發南圻。1698 年後，趁該處動亂，派兵討伐，並派阮有鏡經略真臘，事實上已把新的開發區納入版圖，設營置縣來治理，如設邊鎮營（邊和）、藩鎮營（嘉定，即胡志明市），派官員治理。

在明清鼎革之際，又有明朝遺民鄭玖（西元 1655～1735 年）離開海南投靠真臘，被真臘安置在柴末府（河仙）定居，在鄭氏悉心經營下，此處又成為一大都會，各國船隻多前來貿易。1708 年鄭玖見阮主勢力強大，請求臣屬，阮主以總兵之職令其鎮守河仙之地。鄭玖逝世，阮主授予其子鄭天賜（西元 1700～1780 年）

總督銜，繼續鎮守河仙，至此廣南阮氏對南圻的控制已告完成。

由於阮主不斷向南向西拓張，惹來暹羅的憤怒，兩國時因爭奪真臘控制權而發生多次戰爭。

三、會安的興起

十七世紀初，阮潢藉出鎮順化而建立廣南，銳意發展對外貿易。在廣南阮主的努力經營下，越南中部的會安 (Hoi An) 逐漸成為東南亞與東北亞航運的中轉站，這也是廣南國的國際貿易港，因為自由貿易，基督教從此進入越南傳教。在十六、十七世紀的廣南阮氏，似比黎朝更能容忍傳教士，這可能跟當時東亞區域的國際形勢有關，特別是與澳門葡萄牙人之關係十分密切，除了貿易之外，軍火買賣亦十分重要，這當然是為了抵禦黎朝南侵的壓

圖 21：會安來遠橋　最初於十六世紀末由日本僑民興建。

力。相反的葡萄牙人也利用澳門為基地從事貿易和傳教的工作，傳教士成為葡萄牙使者，拓展外交和貿易外還涉及傳教的工作。

越南中部的航運港以距沱瀼二十四公里的會安，華人稱為會舖（Fai-pho 或 Faifo），才是廣南王國的國際都會，商業最為殷盛。當時會安比沱瀼更為繁榮，據陳荊和教授曾說：沱瀼為吃水深之歐船停泊之處，反之，會安則專為中國帆船出入之港口，來航歐船雖在噸位及載貨量皆比中國帆船為大，但從整個廣南國貿易之觀點看起來，論船數，論貿易額，都遠不及華舶貿易之龐大。除中國外，這些中國帆船來自東南亞各地。

由此可知，沱瀼是外國船的臨時停泊所，也是廣南阮氏跟外國接觸的場所，藉以獲得外國軍火之助，以抗黎朝鄭主。關於外國軍火卻又與基督教傳教士有所關涉。

陳荊和教授據保爾里神父的資料，推斷會安唐人街和日人街之創設當在 1613 年（萬曆四十一年）至 1618 年（萬曆四十六年）之間。其實會安的出現是阮主跟日本德川家康（西元 1542～1616 年）談判的結果，德川要求廣南提供日本商人貿易寄寓之所，於是 1604 年，阮主將廣南秋盆河附近會安一地撥給日本人寄寓。阮主是想利用當時流亡在廣南的日本基督徒來控制日本貿易，這些人是在較早時隨貿易船南來廣南的日本人，他們大多是基督徒，在葡萄牙神父的帶領下定居廣南，為阮主處理貿易及製造槍炮等事。

葡萄牙傳教士在廣南國的活動，比較明確的是在 1615 年，一個永久性的天主教教團在越南成立，地點就在會安。當時教團共有五名神職人員，有兩名是來自耶穌會的義大利神父畢桑迷（Francesco Buzomi，西元 1576～1639 年）和葡萄牙神父卡雲賀 (Diego Carvalho)，其他三名來自耶穌會的修士，其中一名是日本人，兩名是葡萄牙人。廣南阮主想利用傳教士們為通事，協助對外的翻譯活動，允許他們定居在葡萄牙人和日本人的居住區，從事宗教活動。

但是日本幕府根本不信任這些定居在會安的日本人，德川派出的朱印船都是去會安以外的華人聚落做買賣。及至 1635 年日本鎖國，在會安的日本人漸少，華人移居會安漸多，特別是明亡國後，南來不歸的中國人更多，會安漸成華人商埠。

由於越南中部一帶，山多地少，非米糧生產區，廣南阮氏必須發展對外貿易，才有能力對抗北鄭的軍事壓力。會安因航路接近南中國，從廣東和福建開航十天左右便可抵達會安海口的占不勞山或稱岣嶗占 (Culao-Cham)，這裡成為明朝遺民投身首選之地。

1651 年荷蘭人資料顯示會安兩排房屋之中，除了六十間為日人所居外，其餘都是華商及華工之家，其間鮮少有交阯支那人居住。日本鎖國後，日人遷居會安的幾乎停頓，人口也陸續減少。西元 1695 年訪問會安的英國人保衣亞 (Thomas Bowyear) 曾說，會安之房屋為數約一百戶，除四五戶日人外，均為華人所居。日人往日為此埠主要之居民，且為港口之管理官，但後來人口削減，至今一切乃華人經營。

會安開埠以來，從日本、中國、暹羅等東南亞各地前來貿易的船不少，由於地理位置方便，且是東亞海域南北航運必經之碼頭，會安便成為當時東南亞的貿易中心。從會安制定的各處船隻進出口稅可知：從上海和廣東來的船隻，應納稅三千貫，出港回程納三百貫；自澳門和日本來的船隻納稅四千貫，回程納四百貫；自暹羅、呂宋來的船隻納兩千貫，回程納兩百貫；自西方各國來的船隻納八千貫，回程納八百貫。

根據越史資料，1746～1752 年，每年平均收入黃金五千七百六十八兩，銀約二萬五千多兩。雖然這裡是國家的年度總收入，但其中的貿易稅應為收入的大宗。會安的繁榮除了因廣南阮氏積極拓展對外貿易和購買軍事裝備外，還極力爭取海外國家承認其獨立自主的地位，因此阮主透過海洋貿易與各國交往，特別重視與澳門葡萄牙人的貿易，以尋求國際活動空間。

四、羅德神父的影響

法籍耶穌會神父羅德（Alexandre de Rhodes，西元 1591～1660 年），原先是希望到日本傳教，但因日本仇教的關係，視察員馬托斯 (Gobrial de Mattos) 改派他前赴廣南傳教。他先是在廣南停留了十八個月，於 1622 年重返澳門。又於次年離開澳門，於 1624 年抵達沱瀼，在廣南停留三年左右，再轉往越南北圻（東京）傳教，1630 年被黎朝驅逐，返回澳門。

羅德神父最大的貢獻是將越南語拉丁化。他是一位語言天才，可以講流利的拉丁語、法語、義大利語、葡萄牙語和越南語；聽得懂果亞語、日語、華語和波斯語，但聽不懂荷語。羅德神父利用拉丁字母來拼寫越南語，因此他的傳教得到很好的效果。在東京地區傳教時，羅德神父的語言魅力感動了很多儒家、佛教和道教的信仰者，到了 1628 年，東京的信徒增至一千六百人。

圖 22：羅德神父

羅德神父在廣南傳教分為兩階段，共約八至九年左右。第一階段從 1623～1627 年，羅德神父居住在廣南的青占，1625 年羅德神父認識了明德王太妃，她是阮潢的妃子，聽了神父的講道後希望受洗入教，一度被她兒子所阻擋，最後還是受洗為教友，教名是瑪麗．瑪格德琳 (Mary Magdalene)，羅德神父稱她為瑪麗夫人 (Madam Mary)。明德王太妃在順化皇宮建築了一座私人小教堂，就在她的保護下，使剛開始的基督教傳道工作，得以順利展開。羅德神父在廣南的傳教事業只是一個開始，1627 年他越界到了北圻後，其影響力開始展現出來。特別是用拉丁字母編寫教義上，使基督教義更廣泛傳播，也奠下了越南語拉丁化的基礎。

1614～1634 年是廣南第二代王阮福源執政，為了國際貿易和軍火輸入仍讓葡萄牙人居留傳教，但是商品和軍火並沒有如期的輸入廣南。阮福源對傳教團的承諾感到十分失望，而朝廷中反對基督教的官員批評基督徒不拜祖先、不尊敬先人，耶穌左道會使人從心中洗掉對父母的感情等，故廣南阮主曾一度下令所有神父離開教堂，撤出會安。但阮主忽然下逐客令，可能與貿易不暢通有關。

1640 年羅德神父重返廣南並出任傳教區會長，當羅德神父抵達沱灢，開始他在廣南的第二階段（西元 1640～1645 年）傳教事業。他極力避免引起廣南營的該簿官的關注，因為這位官員對基督徒極為敵視。羅德神父透過在廣南會安日本町甲必丹，獲得謁見廣南國王阮福瀾和貢獻珍貴禮物的機會，因此受到熱烈歡迎，並允許留下來。

羅德神父到沱灢後，便躲藏起來大約有十九個月之久，這段時間他在廣南各地祕密傳教，並探訪基督徒社區。羅德神父減少露面，並加速傳教事業本土化，他帶領十位越南籍的新傳道師，其中一位依那圖原是官員，有很好的漢文修養。這段時間羅德神父為一千人施洗，為了不被發現，他完全藏匿起來。羅德把十位傳道師分成兩組，一組由依那圖領導，一組由達馬士 (Damasus) 領導，分別在廣南國的南北省區從事傳教活動，而他本人則偷偷回到澳門。

大概在澳門逗留七個月，羅德神父於 1644 年三月又回抵沱灢，並受到十位傳道師和教徒們的歡迎。這段時間傳道師在依那圖和達馬士的領導下為五百九十六人受洗，使基督教的事業得以擴大。在本土傳道師的陪同下，羅德神父到順化謁見國王阮福瀾，在首都逗留期間他盡可能秘密地與基督徒接觸，避免引起當局的懷疑和不滿。

1644 年之前，基督教並沒有受到鼓勵，但也沒有受到迫害，外國神父並不允許自由傳教，但因與葡萄牙人貿易和軍火供給的需要，廣南對外國神父採取欲拒還迎態度，不過，反對基督教的官員卻一直找機會拒絕基督教。1644 年是一次大轉變，剛從首都回來的該簿官下令處死依那圖，一般的說法是依那圖協助羅德寫信與一位高僧辯論獲勝，高僧失敗後，串通阮主兄長之妻宋氏燧中傷依那圖。原來依那圖從前做官時，曾批評過宋氏燧等人，因此宋氏燧欲趁機謀害依那圖。

1640 年羅德神父再次回到塘中（指灐江以南包括廣南地區在內，又稱南河），當時廣南國的基督徒已達十五萬人。這些數據是否有所誇大，現時無可驗證。據 1643 年一位在日本受審訊的傳教士承認他曾往廣南，在該地遇見約七千名基督徒。這位傳教士所指的「廣南」應是指會安地區，總之南北基督徒的人數不斷增加，使廣南當局有點不安。

1644 年國王阮福瀾下令對付基督教，而廣南營該簿官一向對傳教士沒有好感，難得有這次機會，他的士兵立即前往會安欲拘捕依那圖，但依那圖逃走了，士兵則拘捕一名十九歲的年輕傳道師安德魯 (Andrew)，該簿官下令處死安德魯，使其成為第一位為基督教而犧牲的越南人，其後被追封為聖人。

羅德神父似乎沒有意識到這次的教禁跟以往的不同，根據過去的經驗，阮主最後還是讓他留下來。1644 年羅德神父派遣依那圖到北部省區工作，而他和其他傳道師則到了南部省區，繼續在越南中部推廣傳教事業。

1645 年，羅德神父又回到會安，剛好有兩艘葡船從澳門抵港，受到阮主伉儷的豪華招待。羅德神父再次與傳道師前往北部省廣平傳教，這次卻被誤會為黎朝的間諜而被拘捕。羅德神父原先被判死刑，隨後在阮主的老師求情下，改判驅逐出境。羅德神父在會安遭監禁二十一日後，帶著安德魯的頭顱離開廣南，結束在越南中部的傳教事業。

廣南阮氏立國後，已允許會安為國際貿易中心，積極尋找與國外之交流；如允葡萄牙人來貿易及軍火交易、與日本德川家康有書信往來及曾向清朝請求冊封而不得等，都顯示阮主主動向外提升廣南在國際社會的地位。雖然阮主於 1647 年開科取士，但是廣南畢竟是越南邊陲之地，人民教化有限。陳重金評廣南科舉之制說「尚甚疏闊、簡陋」，也是事實。因此，阮主常思積極展開與清朝交往，提升文化，阮主是佛教徒，為了設法拉近與中國距離，阮福溱（西元 1651～1685 年）在位時，曾遣使謝元韶前往廣東探訪高僧。謝元韶在廣東遇上大汕和尚（石濂），知道他是一位有學問的僧人，且通曉禪學，便邀請他來廣南訪問，但被大汕和尚謝絕了。到了 1694 年，阮福凋（西元 1675～1725 年）即位第二年，再次派專使奉「黃封」邀請大汕和尚南來廣南弘法，當時大汕和尚已經六十一歲，決定應邀前往廣南弘法。阮福凋封大汕和尚為國師，安置於順化最古老的天姥寺。大汕和尚主要在順化和會安兩地講經弘法，阮福凋親率王母、妃子等受戒，自稱「受戒弟子」。大汕和尚不但受阮主歡迎，且受當地王公大臣等尊重，又與阮福凋討論國家大政等事，次年才回到廣州，寫下《海外紀事》一書，這是一本了解十七世紀廣南國的重要史籍。

五、西山阮的崛起

西元 1771 年阮岳（Nguyen Nhac，? ～西元 1793 年）、阮侶（西元 1754～1787 年）、阮惠（西元 1753～1792 年）三兄弟在西山起兵反廣南阮氏，很快便占據歸仁、廣義等地。當時廣南軍隊昇平日久，對於戰事已經生疏，只有從事平日的訓練工作，不曾上過戰場，所以一聽到要被派去捉賊就嚇得兩腿發軟，這種畏戰的心理導致大敗，致使廣南大部分的領地被鄭主所占據。北方鄭主鄭森（西元 1739～1782 年）見南方大亂，先遣黃五福率軍南下，聲稱討伐奸臣張福巒。1774 年十一月鄭森率舟師抵乂安，十二月鄭軍抵達富春（順化）時，阮福淳未肯輸款，亦不為戰備。鄭軍攻城，阮福淳（西元 1754～1777 年）棄城走廣南。當時阮岳據歸仁，其弟阮惠和阮侶各自攻城掠地，地方官不能制。阮岳為人機智，各地土豪多歸之。有清國人名集亭者，自海路來參戰，由是勢力益增。當阮岳領兵攻廣南時，阮福淳以阮福澗之孫阮福暘為東宮鎮守廣南，自己乘船逃往嘉定（今胡志明市），可是航海途中遇上大風浪，船隻覆沒，阮福淳奇蹟地安全抵達南圻。

東宮一度為西山所捕，其後潛逃歸嘉定。當時廣南阮主族裔幾已被殺盡，除國主阮福淳、東宮阮福暘（? ～西元 1777 年）外，另一位貴冑阮福澗之孫阮福映（西元 1762～1820 年）亦大難不死，逃抵南方河仙。河仙原是真臘（柬埔寨）屬地，清初之際，義不臣清的鄭玖率眾南來投靠真臘，被安置在河仙開墾，鄭氏將其發展為一個國際貿易中心，生活豐饒，其後歸附廣南阮主。鄭玖之後的鄚天賜繼承河仙總兵之職，鄚氏家族實際是河仙的統治者。1775 年正當廣南亡國之際，很多難民往南方逃亡，而最南方的國境就是河仙，這裡雖不及嘉定富庶，但亦是海角的繁華商埠，成為難民樂土。一時大量難民擁入河仙，其中也有很多是基督徒。當時河仙總兵鄚天賜邀請法國巴黎外方傳教會主教百多祿（Bishop Piguel, Ba Da Loc，西元 1741～1799 年）前來河仙傳教。鄚氏贈與一片土地，先建房屋安置逃難的天主教難民和移民者，主教估計有數千人來到這裡。

與此同時，十三歲的阮福映也流亡到河仙，在這裡他遇見百多祿主教，當時百多祿主教正在興建房子。1776 年東宮暘在嘉定繼承帝位，史稱新政王。可是朝政仍未理順，軍兵不多，故西山阮軍乘勢南下。1777 年阮岳派遣阮惠和阮侶攻打嘉定，新政王與眾多宗室大臣被西山軍俘虜殺害。與此同時，太上王阮福淳也在龍川被阮惠俘虜並殺害。阮福映一度從河仙率兵四千來援，及至新政王和阮福淳遇害後，阮福映又逃回河仙，躲藏在百多祿主教提供的房子中，其後阮福映帶著母親和隨員流亡在海邊一個僻靜的小島上。

當時越南各集團都有隱憂，北方鄭森圖謀篡位，派人出使北京密奏謂黎氏乏賢子孫，獻賂求封；西山三兄弟各自不和，各懷鬼胎，奪權爭利。而廣南阮氏後繼無人，只剩下十六歲的阮福映一系。1778 年，河仙遭受來自真臘海盜和盜賊攻擊，有七名女生和四名學生被殺。因為河仙不太安全，阮福映遷移至邊和省的津潮，在津潮時，百多祿主教與阮福映有更深的交往。1779 年阮福映兒子阮福景（西元 1780～1801 年）誕生，而百多祿主教成為阮福景的教父。此時阮福映已稱國主，回到嘉定。他允許官僚上教堂，有時他也會現身參加彌撒和聽講道。因為百多祿主教對朝廷有影響力，因而讓傳教團自由傳道。一年後，西山軍再度南下，1780 年西山阮攻入嘉定，並在堤岸對支持阮福映的中國移民進行大屠殺，超過一萬多人罹難。阮福映遂逃往富國島藏匿。當時西山阮軍也侵占和控制真臘，下令真臘追殺當地越南人。西山阮殺害大量天主教徒和摧毀所有的教堂，百多祿等傳教士則躲在真臘山區某處安全地方。

六、廣南國的滅亡

從 1776～1782 年，西山阮五次進攻嘉定，廣南阮勢力被迫退至海島抗爭。1782 年阮福映逃亡富國島，因得暹羅軍支援，從水陸兩路進攻嘉定城。阮福映再次奪取嘉定，因此百多祿主教有機會回到越南，並大量招募教友。可是，1783 年西山軍再度占領嘉定，阮福映再次逃往富國島又轉去崑崙島。他和追隨者很多時候面臨缺糧的困境。百多祿主教知道阮福映失敗後，便前往暹羅，沿著暹羅灣尋找到阮福映的落腳處。當時阮福映正面臨饑渴交迫之際，百多祿主教建議尋求法國幫助，在此無助之下，阮福映答應了，授權百多祿主教為特使，處理與法國之事，並派兒子景同行，帶著一封尋求軍事援助的信函。1784 年百多祿主教和太子景等廣南代表團抵達法國，並與法王路易十六 (Louis XVI) 見面，經過談判與交涉，終於在 1787 年法國外交部長與廣南代表百多祿主教在法國凡爾賽宮簽署《越法凡爾賽條約》。

1787 年阮岳在歸仁闍槃城（原是占城王城）自稱中央皇帝，冊封阮侶為東定王，阮惠為北平王，然而阮氏兄弟卻互相猜忌。當時阮惠勢力最強，早在 1786 年阮惠趁平定富春後，便立即揮軍北上昇龍消滅鄭主。阮岳恐其弟在北方自立為帝，急率兵入昇龍，承認黎朝在北方的統治，陪同阮惠回南方。當阮岳在歸仁稱帝（史稱泰德帝）時，阮惠出兵包圍歸仁數月。其後兄弟談和，阮惠據有廣南並部署北伐昇龍，同年阮侶收到了阮福映偽造范文參為內應的假信，他看見范文參舉白旗來喊冤，以為范文參已經投降兵敗，遂棄守邊鎮，奔回歸仁，不久卻鬱鬱而終。

1788 年阮惠軍第二次進入昇龍，安南國王黎維祁（西元 1765～1793 年）逃入中國求援。1788 年十一月清軍入援，不出一個月，便收復昇龍城，護送黎維祁回國。當時阮惠退回富春，重整軍威，為了振奮人心，稱帝富春，改元光中。隨即親率十萬大軍，北上抗清。至此廣南國實際上已滅亡。

在西山阮統治期間（西元 1777～1802 年），初期統治者對基督教採取寬鬆政策，樂 (Liot) 神父在歸仁時，留意到忠誠的教友完全自由傳教，他曾被西山阮岳的嬸嬸邀請參加教區的彌撒，不過戰爭期間傳教難度極大，在戰爭十分激烈的情況下，因為缺少神父，天主教徒減少了一半，大多數的教徒約有十五至二十年，甚至三十年沒有機會告解。

1779 年在歸仁，因傳教士不願協助購買銅來造槍炮之後，阮岳開始實施禁基督教政策，曾發出「禁教令」的通告，揚言將拘

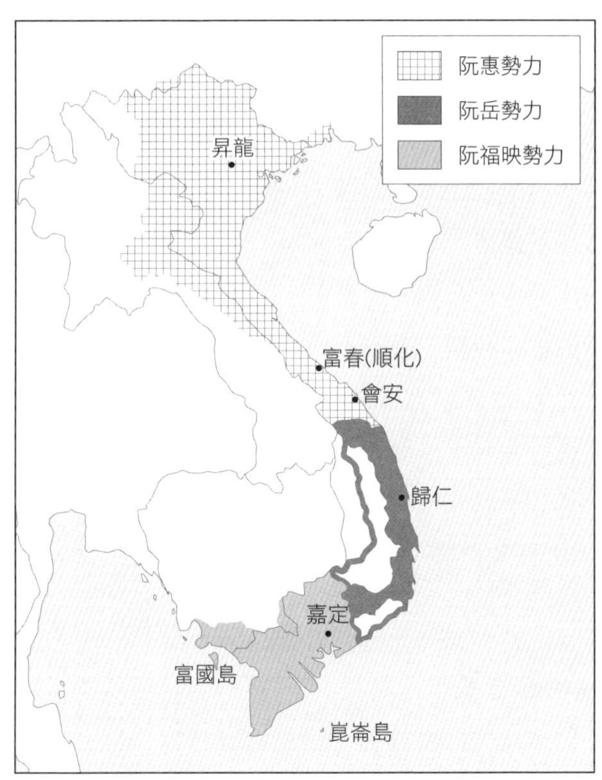

圖 23：西山阮與廣南阮的勢力範圍

捕所有的神職人員，並列出一批人先被送去歸仁，其中很多人被監禁和折磨，不久因為鼠疫流行而中止禁教令。

西山阮迫害基督徒的政策隨著戰爭而日趨激烈，特別是百多祿主教和基督徒都支持阮福映的復國戰爭。在富春的西山阮更討厭基督徒，1789 年他們打算報復，下令將所有外國傳教士拘捕。與此同時在越南的北部，又稱北河或稱塘外，從 1780～1789 年基督教完全處於無助和受迫害的處境。1792 年阮惠逝世，傳位長子阮光纘（西元 1783～1802 年），史稱景盛帝。

1797 年阮福映部署進攻歸仁和富春，使西山國王阮光纘大驚，當時阮福映寄了一封信給居住在富春的剌伯提特 (Labartette) 神父，而該信卻被西山兵搜獲了。阮光纘十分擔心教徒叛亂，因此下令屠殺基督徒。朝廷大臣都阻止他的行動，而教徒們四處躲藏在深山或海邊和非教徒的家中。因此在西山阮統治下，基督徒經常遭受迫害和殺戮，手段十分殘酷。西山阮對天主教的恐怖迫害，終於在 1801 年結束，那一年阮福映攻入富春（順化），而西山阮國王逃往北方，最後被捕，迫害教徒的行動宣告結束。

第三節　阮朝的統一與挑戰

一、阮福映與百多祿

當百多祿主教在巴黎簽署《越法凡爾賽條約》之時，阮福映正流亡暹羅，雖然得到暹王的尊敬，但經過幾次戰敗後，暹王已不願出兵相助。其時越南北部政權岌岌可危，國王黎維祁逃亡中國借清兵入關，阮福映乘勢趁阮惠對抗清軍之際，潛回南圻，沿途四方義兵響應，軍勢大振。1788 年阮福映再度控制嘉定，該次戰爭完全依靠阮福映個人戰鬥力贏得嘉定，奠定阮福映為復國領袖的地位。

由於法國沒有履行條約提供軍事支援，1789 年百多祿主教親自招募法國援軍和戰船抵達嘉定，同來的還有四位傳教士浦卡

(Yves Pocar)、勒保斯 (Pierre Le Labousse)、勒賓 (Pierre Lavoue) 和加里耶 (Jean Grillet)，他們由越籍神父胡文宜 (Ho Van Nghi) 介紹給阮福映。而隨百多祿主教同來的法國籍技師如阮文勝 (Vanier) 和阮文震 (Dayot) 等則成為阮福映戰艦與武器製造的師傅。阮福映重新控制嘉定後，一方面向暹王報捷，一方面整頓內政，利用百多祿主教的傭傭兵和技術訓練新兵，大造戰艦火炮，鞏固嘉定城，嘉定成為阮福映的復國基地。

圖 24：百多祿主教

在越南河內，1789 年正月初一（農曆年），阮惠大軍殺至，清軍大敗。至此，阮惠成為越南新皇帝，且得清朝承認為安南國王。據中國史所載安南國王阮惠前往北京賀乾隆皇帝八十大壽，然越史所記，此人乃替身，非阮惠本人。1792 年西山阮惠與阮岳似有聯合攻嘉定之計，阮惠以海船四十艘南下，阮岳在歸仁的施耐海口造戰船。阮福映先發制人，率海軍攻施耐，至藩郎海澳，該年七月阮惠去世，其十歲兒子阮光纘繼位。

阮惠一死，阮岳與阮光纘猜忌更深，阮福映的復國戰爭開始。1793 年阮福映海軍至施耐港入攻歸仁等城堡，這場戰役十分激烈，阮岳向富春求援，阮光纘派大將率軍海陸兩路入援。阮福映避免兩面受敵，退回嘉定。而阮光纘軍乘機占領歸仁，阮岳激憤而死，其子阮文寶被廢為孝公，食邑一縣，號曰小朝。

西山朝貌似強大，然自阮惠過世後，各大臣之間，相互殺害，釀成內訌。阮福映數次趁機攻歸仁，卻無功而回。1799 年，借兵暹羅及得暹王資助焰硝五萬斤，是年順利平定歸仁。1800 年又得真臘兵象之助，全面向西山阮開戰，海陸同進，直攻富春。1801 年阮福映收復富春城，阮光纘北走河內。1802 年阮福映稱帝，改元嘉隆，史稱阮朝（西元 1802～1945 年）。阮福映大軍繼續北伐，阮光纘棄城逃亡，為村民所執，至是西山朝亡。

由於百多祿主教協助，使阮福映對外部世界增加很多的了解，對於基督教並沒有排斥的心態。因此當 1788 年收復嘉定後，即帶同一批傳教士在尸藝 (Thi Nghe) 用竹子建造一座主教辦公室。1792 年阮福映又同意百多祿主教將同奈省的研究班，從震嗟奔 (Chantaboun) 遷到津潮，且得阮福映金錢援助，並獲准在神學院工作的人免於服役。

雖然傳教已經自由，但情況並沒有好轉。每年最多只有三百人進入修道院。造成傳教困境的原因很多，除了生活問題、官僚的不信任、佛教僧侶的攻擊之外，也因為西方商人來做生意時表現粗魯，使越南人對西方人反感等等。

雖然如此，阮福映在復國戰爭期間對西方人和傳教士的態度基本上是包容的，他說：從各方面來看，西方人比安南人優越，他們不僅精通海上和陸上的軍事，且擁有對天文、政治和藝術等的廣泛知識，他們都是學者。

二、阮福映建國

1802 年阮福映消滅西山阮之後，繼續北伐，收復阮主故都，大軍往北平定昇龍後，南北合一，開創千古未有的大統一時代，為越南奠定今日國家的規模。阮福映大軍進入昇龍城後，一改過往歷代以此處為國都的做法，仍然以中部富春（順化）為國都，將昇龍改為北城，置總鎮，任命阮文誠統領，同樣在南方也設嘉定總鎮，由黎文悅統領。總鎮之下置三曹（戶、兵、刑），襄助總鎮治理轄境諸事。當時全國分為二十三鎮四營，清化以北為北城管轄十一鎮；平順以南為嘉定城管轄五鎮，中部由中央政府管轄七鎮，而京畿之地領四營。這是統一戰爭後權宜行事之策，當第二代皇帝欲把各總鎮權收回中央，便發生反抗事件，經三年戰爭才平息亂事。

阮福映一統國家後，遣使清朝，以「南越」之名求封。清朝認為「南越」包括廣東廣西在內，並未允許。幾經討論後，便以「越南」稱之，自是「越南」這個國號，一直沿用至今，而阮朝自稱「大南」。清朝則冊封阮福映為越南國王，兩國宗藩關係因此而建立。

阮福映統一越南後，豁免北城百姓一年稅收，又冊封黎氏、鄭氏爵位，給田地、免傜役，使其後裔得以奉祀祖先。因此在阮氏對北方的統一過程中，大致沒有激烈的戰爭，至少比西山阮得民心。

阮福映（世祖）建國後，便思考興革諸事，在富春築勤政殿以設常朝（小朝），太和殿設大朝，以強化朝政的討論。當清朝正式頒賜越南國王稱謂後，1806 年阮福映才在太和殿舉行即皇帝位之典禮。又制定朝儀，每逢望日（十五日和初一日）設大朝；初五、初十、二十和二十五日設小朝，使國家議政程序有所規範。又命軍民修築京城和皇城，並修建諸營鎮城池加強防衛。

皇帝在位時，宮內不立皇后，只設皇妃和宮嬪之位。皇帝駕崩後，嗣君登基，始尊其母為皇太后。一為的是減少朝臣阿諛奉承；二是新君即位，先帝的妻子皇妃即以皇太后之尊，延續其政策，讓政權平穩過渡。

阮朝官制大致沿用黎朝制度，只廢除參眾和陪從（宰相）之職，諸事皆由六部處理，各部以尚書為首，下設左右參知、左右侍郎及各屬官。六部之外還有都察院，院有各科給事中和各道監察御史等官。又設漕政管運輸和徵收船稅。

對於西山阮時政治腐化、風俗敗壞之事則加以整頓，如禁止民間藉神佛事大吃大喝，嚴令官吏不可滋事擾民。

軍事方面又制定挑選兵丁之法，如根據各鎮與京師的距離，近者三丁抽一、五丁抽一，遠者七丁抽一、十丁抽一不等。京師設親兵、禁兵、精兵，各鎮又設奇兵、募兵。各兵丁分為三番，二番回鄉一番值班，彼此輪流替換。當時已有銅製大炮（大銃、小銃），而各海口架設炮臺以為防衛。水師除傳統的戰船如軋船外，也能建造西式裹銅帆船，用以巡洋和鞏衛京師之用。

阮朝各營各鎮建立文廟，奉祀孔子，以尊儒學。京師設國子監，又開科取士。阮朝十分重視學術如編成《一統輿地志》，重修國史等。喃字的應用較從前盛行，朝官偶有用喃字寫祭文，民間更是大行其道，特別是小說題材如《金雲翹傳》亦已出版。

三、阮福映與太子景的矛盾

1797 年太子景十七歲，已經進入青年階段，有自己的主張和獨立性格。這一年太子景生日，阮福映下令全體官僚向祖先神位行跪拜禮，輪到太子景卻拒絕跪拜。他公開說他寧願死也不接受國王的命令。太子景身為王位繼承的儲君，竟不向祖先靈牌下跪，這舉措令阮福映難以接受。

在祭祖典禮上太子景拒絕跪拜祖先神位，的確使阮福映感到十分傷心和憤怒，他終於發現與基督教的矛盾是真實存在的，而且發現不單是太子景，連信仰天主教的官員都不下跪。雖然太子景因宗教信仰而不拜祖先的行為令他極為悲痛，然而信仰基督教的人民在復國戰爭中大力支持他，傳教士和西方人帶來的船堅炮利，更是他十分依賴的護國法寶。因此當他全面執政時，更應該謹慎處理基督教的問題，和面對基督教的傳播等等。

阮福映在統一全越前，曾因嘉定城某高僧犯罪，下令對佛道寺觀等進行整頓，當時大臣們為高僧開脫，說：「僧有真修」，但禮部尚書吳從周向東宮太子阮福景說：「佛老之害，甚於楊墨」。因得太子支持，阮福映才決心整頓宗教。其時百多祿主教受命輔助皇太子，而東宮阮福景因受百多祿主教影響已成為虔誠的基督徒，當然支持整頓佛教。阮朝這次對宗教的整頓，只針對佛道，沒有累及基督教。

由於傳教士及西方人在阮福映復國戰爭期間，扮演著有益於國的角色，所以基督教教徒及傳教士仍受到阮氏朝廷的接納，有其活動空間。百多祿在 1799 年去世時，阮福映賜贈太子太傅、悲柔郡公，諡忠義，厚禮葬之，這是傳教士在越南歷史上所得的最高榮譽。二年後（西元 1801 年）受百多祿影響的東宮景逝世，年二十二歲，越南基督教徒失去了一位對基督徒更友善的保護者。

基本上，嘉隆朝對於國內的洋人傳教士及基督教徒採取容忍態度，對外貿易則採取開放政策，如來自澳門、馬尼拉及西洋的商船，允許靠岸貿易，但不能上岸居留。大致而言，阮朝初期與洋教士和基督徒維持相對和諧的狀態。

四、明命朝的教禁

1819 年，阮福映逝世，皇太子阮福膽（西元 1791～1841 年）繼位，改元明命。明命帝阮福膽登基之時，已經是一位三十歲的成年人，深受儒家聖賢書影響，以儒家治國理念作為追求目標。明命帝在位的前七年並沒有觸及宗教問題，唯一引起討論的是他的姑母太長公主阮福玉琇（阮福映姊姊）過世前，明命親臨探視，公主生前長期奉佛，希望死後能夠剃頭去掉三千煩惱絲，並穿上出家人的衣服，這樣她在九泉之下也可以感到心滿意足。明命帝頗受感動，想要完成公主的願望，可是宗室反對說：「皇上的使命是治理天下，應該遵循弘揚正道，摒除異端，公主的要求萬萬不可答應」。最後，明命帝接受了宗室意見，以傳統禮儀下葬公主。所謂「正道」就是儒家思想，「異端」是指儒家以外的佛道思想，當然也包括基督教在內。

明命帝第一次發表批評基督教的言論，是在 1832 年五月發生「陽山社教案」。承天府陽山社位於京師（順化）以北幾里遠之處。由於京師範圍內禁止「胡言異服者」，陽山社卻設立教堂，有西方神父潘文京講道，「誘惑民眾」。府臣再三開示，終無一人願出教，此案遂下刑部議，由是驚動了明命帝。陽山社教案五個月後，明命帝收到一份上呈的報告說：鑾駕衛警、蹕鑾儀等司弁兵，有從爺蘇道者。這時明命帝才驚覺他已被基督徒所包圍，他大惑不解的說：爺蘇之教，朕以為惟愚民為其所惑，不意在朕左右亦有信之，甚可怪也。於是下令：諸省督撫，遍示轄下官軍民庶，從前有業從爺蘇道者，如能感發天良，情願出教者，准免其罪。其道堂、道館飭令毀撤。告誡之後，甘違禁令者，一經發覺，即從重治罪。這是一次全國性的教禁行動，也是阮朝開國以來的第一次。

明命時推行總鎮制改革，是使地方統轄權回歸朝廷，分省而治，收權中央，但卻造成地方不安，1833 年五月十八日，黎文褢率眾起兵叛變，攻陷南圻六省省城。嘉定居民視黎文褢為黎文悅的繼承者，支持造反，包括基督徒和傳教士在內，因為嘉定總鎮黎文悅長久以來對西洋傳教士和基督徒十分友善，且在南圻有大量的基督徒。這次叛亂他們也參與其中，且為黎文褢通風報信，明命帝指責黎文褢陰結爺蘇左道，求援於暹，更觸及其敏感神經。阮朝官軍整整經過三年（西元 1833～1836 年）苦戰，才收復嘉定城。入城之日，或擒、或斬，共一千八百三十一名人犯，其中的要犯有爺蘇教長逆酋即富懷仁，副教阮文福，叛亂期間確實有基督教人士參與，而外籍傳教士扮演著重要的外援角色。

叛亂平息後，明命帝雖然推出《禁止西洋邪教條例》加強禁止基督教的政策，但並未限制對外貿易。如 1835 年有英國商船來時指示，如願商貿者，要駛往廣南沱瀼，不得攙入諸海口，即規定西方人只准在沱瀼貿易，而一概不准進入各海口留駐。明命朝收緊了對外貿易政策，剛好當年有一位清朝的讀書人蔡廷蘭（西元 1801～1859 年），他是臺灣澎湖人，在福建鄉試結束後坐船返鄉，卻遇上颱風，船被吹至越南中部廣義北海岸。阮朝官員因蔡廷蘭是秀才，有廩生身份，加恩給錢五十緡，准由陸路回國。蔡廷蘭經過會安、順化王城北返，歷經萬餘里於 1836 年返回福建。其後，將在越南所見所聞撰成《海南雜著》，該書見證了十九世紀初阮朝風土人情，很有史料價值，也因此次偶然機會，將越南與臺灣連結一起。

回來再說基督教，其實基督教傳入越南至明命帝已超過二百多年，一種宗教存在多年怎會輕易被禁絕，除非全面用「鐵血」手段來處理，否則只能妥協進行。嘉隆朝的寬鬆政策，基督徒大增，當時的人民、鄉里父老、官員信仰基督教之外，還有省屬弁兵都有信教者。對於人民信教者的執迷不悟，明命帝認為教化人民必須循序漸進，不可能要求在短時間內就改過，並倉促制訂法令將其逮捕。明命皇帝相信本國信仰爺蘇教的人民，最初應該是偶然間受到這些邪門外道的蠱惑而已，相信他們本來明辨是非的能力還在，只要時間一久自然就會醒覺；而且他認為「怎麼有人會輕易的拋棄自己的父母親與土地 ， 而跟從這些異類而去的道理！」對於本國的基督徒總是採取教化為先。

而追殺西洋傳教士似是明命帝對基督教斬草除根的手段，他沒有想用特赦的方式，讓他們離開越南回國，而是對於西洋傳教士殺無赦，仇洋的氣氛把明命帝的理性掩蓋了。這些被殺的西洋傳教士都是在數十年前即來到越南傳教，當時也沒有違法，基督教在南北兩圻信徒約三十萬。嘉隆朝甚至是明命十四年以前都沒有禁令，卻忽然雷厲風行，只能說明命帝太過於刻薄寡恩。後來明命帝發覺以死刑來恐嚇或講儒家大道理並沒有顯著成效，執迷不悟的人所在多有，於是在 1840 年開始透過本土神祠、家祠，企圖以團體壓力來改變人心，並以連坐法來查辦教禁不力之官員，但未竟之功，十二月，明命帝逝世於京師順化，享年五十歲。明命朝 (1820～1840 年) 是越南阮朝軍事上最強盛的時期， 特別是海軍軍艦的製造，比中國和日本還要強大。當時協助阮福映的外國僱傭兵，大都離開或老死，而受封爵的法國將軍阮文勝和阮文振也告老回國。明命帝憑著越南技師，建造了三十艘西方式裹銅戰船，游弋於沿海，並前往新加坡、巴達維亞、馬尼拉、暹羅、廣州等地從事貿易或偵察活動。明命朝之後，海軍實力才走下坡。

五、紹治朝的轉折

1838 年明命帝眼看如此嚴厲的刑罰，也不能杜絕傳教士的活動，因此遣使法國商討此事。當越南使者抵達法國時，巴黎外方傳教會請求法王路易．菲利浦（Louis Philippe，西元 1773～1850

年）不要接待越使，越南使者被迫折返回國。當使者抵達順化時，明命帝已經於 1841 年駕崩，紹治帝（西元 1807～1847 年）繼位。由此可見，教禁與外交已交織在一起，巴黎外方傳教會的做法，加深了兩國的誤解。法國卻利用宗教之名，部署對越南的侵略，以擴張在東亞的殖民勢力。

紹治帝本人對傳教士的態度，比較父親明命帝稍為和緩些，這可能是性格使然。陳重金說：憲祖（紹治帝）生性溫和，不喜歡惹事生非，也不像聖祖（明命帝）那樣果敢。紹治帝似乎努力去改善與西方國家的關係，但是實際上教禁及鎖國政策並沒有放鬆。相對於明命帝，紹治帝對於洋人的態度較為寬大，他對待被捕的洋教士以不殺為原則；洋船來訪，仍以禮相待。不過，紹治帝對本國人態度似乎又不一樣，國人私通洋人即格殺勿論。如在寧平省拘捕的爺蘇教長阮錦及其徒二人，均不肯出教，各坐死罪。由此可見，他對國人的嚴厲超過其父親明命帝的態度。

雖然紹治帝對傳教士和洋船採取較為寬鬆的做法，可是法國的挑釁卻在增強之中。1847 年，有咈囒哂國（法國）的二艘船停泊在沱灢汛，其中有五、六位傳教士竟然公開懸佩十字架，並出入於汛所之間。原來法國官員看到近年來紹治帝允許洋船進入沱灢汛的做法，以為順化不再監禁傳教士，便派拉皮埃爾 (De Lapierre) 上校和黎峨 (Rigault de Genouilly) 中校，率領兩艘戰艦駛入沱灢，要求放棄教禁諭旨，並准許國內之人享有信奉宗教的自由。當時紹治帝似乎以開放貿易來化解當時與洋人的緊張氣氛，因此他命禮部左參知李文馥前往處理，特別提及「准姑留商辦」

一事。

洋人更加放肆，日常登岸往來村塢，越南本來從左道者多，往來窺伺，暗通消息。在汛巡洋的兵船，也給他們擄獲，這形勢迫使朝廷大為緊張，從京城調來的五艘裹銅船停泊在茶山澳與洋船對峙，最後竟然投碇株守，而不敢有所行動。洋人得知之後，佯裝講和，趁越軍不察，忽發亂礮射擊，官兵措手不及，銅船五艘頃刻俱沉。

自從「咈囒哂」一役後，紹治帝已經把「爺蘇邪教，其害至於開邊釁、起戒心」等同起來。由此可見，紹治帝對基督教的態度已經不是宗教問題而是國家存亡的大問題。基本上紹治帝態度是理性的，為了挽回「粹美之風，共饗太平之福」，對於違反規定的官民，便以「刑無赦」來阻嚇之。然而這位年輕的皇帝，經受沱瀼事件打擊後，鬱結難解，終於在 1847 年逝世。紹治帝年僅三十七歲，在位七年，廟號憲祖章皇帝，他逝世前密召顧命大臣，傳位皇二子福妥公洪任，是為嗣德帝（西元 1829～1883 年）。

六、嗣德朝的困境

1847 年，嗣德帝繼承大統，當年十九歲，是一位博覽群書的年輕皇帝，自信心很強。嗣德帝對於境外基督教的輸入，一概予以防止，他主張凡是西洋傳教士潛入本國，不管是軍人或是老百姓，有能夠將其捕獲解送到官府的人，賞給白銀三百兩。而捉到的西洋傳教士，在問清楚他的來歷與目的之後，即將該犯人丟到江海中。如果是越南本國的傳教士或是信徒，經由官府衙門開示之後，如果願意悔改並且離開教會、跨過十字架等測試，即將其釋放；但是如果不肯跨過十字架，傳教士就予以就地正法，其餘的信徒將其刺字後放回居住地，如果有一天真心悔改，可以透過官員予以去除原本的刺字。現在所監禁的爺蘇教犯人，也依照其為傳教士或是信徒來辦理。雖然嚴刑峻法，事實上，1850 年在嘉定信徒的增長年約五百人左右。

嗣德的對外政策，包括對外貿易也越來越沒有彈性，如 1850 年，有美國使巴離口持駛船一艘，來沱灢汛，齎遞國書謝過、通商。省臣們不敢接受國書，後軍都統尊室弼呈報嗣德帝，結果批示不許，美國要求通商失敗。

更嚴重是 1854 年紹治帝長子安豐公洪保（西元 1825～1854 年），因未被冊立，心懷不軌，暗中勾結西洋人，事跡敗露後洪保自縊，預謀的子女和尊室弼被削宗室籍，而大臣陶致富凌遲處死。尊室弼和陶致富都是廣南沱灢汛最高級官員，竟發生串通之事。嗣德下令諸省臣嚴防洋船異樣，不許入港。禁教和禁通商之事越來越嚴格。朝廷重新立定禁教的決心，再次「申定爺蘇條禁」。由於教禁趨於嚴厲，洋教士基本不現身，傳教事業大多落在本土傳教士身上。

當時越南社會不單是信仰危機，貧富不均的社會問題，使人民尋找更好的生活出路，而傳教士的美好願景成為人們的追求目標。可見，教禁政策下，人心浮動，社會不安。本是宗教問題，卻變質為叛亂事件，且有蔓延出去。1857 年便發生爺穌教民與黎氏後人合作復辟的事件。

北圻的不穩定，主要是經濟嚴重衰退，如巡撫劉亮報告說：現在的米價變得很貴，就算有錢也很難買到，夏天成熟的稻子還沒到，不知道要怎麼過日子。當時北圻爺穌信徒約有三十萬，又是故黎朝的根本之地，社會上人心浮動。再者是洋船不時入侵迫商，炮轟沱灢，阮朝統治權威日漸下降，嗣德帝面臨內外交迫的困局之中。1858 年，有一名叫爺蘇大將軍杜世雄的人，聚集在東潮（海陽）準備造反。同一時間，自稱為黎後代的黎維明與陳文松（大元帥）、陳德盛（參謀）等也造反，但被官軍拏獲伏誅。

與此同時有西洋兵船十二艘入沱灢汛，射破諸堡，並攻陷安海、奠海兩城，這事迫使嗣德帝調派禁兵二千前往海雲關屯紮。海雲關是位在山中的隘口，俯瞰整個沱灢港，若從沱灢（峴港）登岸，從陸路前往順化必須經過海雲關重地。這十二艘法國戰艦主要是來支援英國對付清朝。1858 年當法國戰艦頻頻騷擾越南沿海海防據點時，英法聯軍正發動對清朝的戰爭（西元 1856～1860 年）。法國利用法籍傳教士在廣西被殺，與英國聯軍攻陷廣州，隨後又進犯天津。而留守在南海的法國戰艦，則經常騷擾中圻和北圻汛防，以收恐嚇之效，相信占領越南的想法已久，他們等待北上的戰艦回航時，便向越南發動戰爭。

1859 年法國對越南南部地區進一步加強入侵 。有洋船入海州，分兵攻陷三屯，最後越南官軍殺退洋兵，越南官兵亦多傷斃。在慶和省，又有十四艘洋船停泊在子嶼，省臣尊室楊請求派兵圍堵，命令原先南戍前鋒兵五百名前往駐守。在邊和又有洋兵船二十艘，射砲摧毀福勝礮臺，而邊和至嘉定的各個城堡也被洋兵船艦所射破，洋船進入到芹蔯，並且扼守邊和，當地的許多城堡都相繼淪陷於洋兵手裡，並且進逼到嘉定省城（今胡志明市）。當時法國戰艦已把目標鎖定南圻，且有西班牙戰艦參與。

1862 年法國與越南的殖民關係正式揭開，越南全權大使潘清簡在嘉定（1862 年法人改稱西貢）與法國代表海軍少將鋪那議訂和約共十二款，史稱《王戌和約》或稱《西貢條約》。1862 年《王戌和約》簽訂後，嗣德帝仍然對基督教的傳教有所阻撓，嗣德帝雖然已到了強弩之末，在他統治期間割地簽約，國防外交幾乎不能自主，完全受制於法人的軍事壓力下。但他作為一位皇帝，在國家的規範下仍有著擇善固執的一面，肩負對國家大政的負責與自信心。他也曾努力希望透過外交談判取回已失之地，但僅憑一顆善良的心卻是難以成功。嗣德帝於 1874 年完成一部偉大的文學作品《御製越史總詠集》，以詩、詞、歌、賦來品評越南有史以來歷代人物的行為。他在序中強調以史為鑑，並說：「一代有一代之史，得失足徵，豈獨北史（按：指中國）為流行乎哉！卻乃不操南音，動徵北史，雖事非獲已，而人實為之。嗟夫！籍談忘祖，原伯落殖，其能免乎？遺譏也耶！故予謂：讀南史較難於北史，非高論也。苟非會通簡括，删繁就約，恐越久越失，豈不更大可惜哉！」由此可見，嗣德帝對越南的主體意識十分強烈。可是面對新時代的來臨，這類思維卻不足以抵禦外力的入侵。

第七章 Chapter 7

法國殖民時期的越南

第一節　法人入侵與越南的掙扎

一、西方帝國主義的影響

十九世紀的鴉片戰爭，英國一舉打敗中國，間接摧毀了東亞的朝貢體系，中國的威望急轉直下，而周邊藩屬國也面臨新的依附命運。其實自十六世紀或稱之為大航海時代以來，東南亞便遭受殖民命運，當時歐洲列強在東南亞都擁有殖民地，如荷蘭在印尼；西班牙在菲律賓；英國不但逐漸控制馬來亞，也擴大對緬甸的侵略。當時在強烈的帝國主義意識驅使下，法國也趁著英法聯軍之役（第二次鴉片戰爭，西元 1856～1860 年），回航時順道攻占越南南圻，建立法國在東南亞的殖民基地，最終因越南問題而引爆 1885 年的中法戰爭。

1848 年十九歲的嗣德帝繼位，他被認為是一位「博通古今，頗有學問」的皇帝。他確是一位好學而自信的年輕統治者，但是個性較為保守，不但採取禁教，而且一概不准外國船進入越南貿易。當時，北圻黎朝舊臣，不滿阮朝統治經常造反，他們也利用信仰基督教取得傳教士的幫助，據說當時北圻教民有四十多萬。所以，法國傳教士認為，如果法國海軍經常開進越南港口示威，將會鼓舞反順化的情緒，一旦黎朝政權重新建立，他們不但不會反基督教，且會給予法國所希望獲得的基地。

由於已經有三位法國傳教士和一位西班牙傳教士被殺死，消息傳至西方，引致法人極端憤怒。傳教士草擬一篇檄文要求法國政府干涉越南事務以保護基督徒。這時候法國剛由共和改回帝制，拿破崙三世（Napoléon III，西元 1808～1873 年）決定派軍參與對中國的第二次鴉片戰爭，他亦承諾聯合西班牙海軍進擊越南，因此當第二次鴉片戰爭結束之際，法海軍便發動侵略。1859 年法海軍已攻占嘉定等地，並北上企圖占領京師順化，由於阮軍死守廣南，法軍無法突破。

嗣德帝密諭嘉定軍立即剿逐，又下令南圻六省軍民人等加強防禦、訓練兵民、募鄉勇備戰等。然而，戰爭持續不斷，邊和鎮守阮伯儀（西元 1807～1870 年）認為：今南圻六省，事勢如此，惟「和」字較為可行。1861 年阮伯儀等與法國司令議和，而嗣德帝拒絕接受。1862 年的春天，南圻的嘉定、邊和、永隆三省已被法軍占領，此時北圻匪亂及起義事件頻頻，嗣德帝只得同意與法方議和。共同簽訂《西貢條約》亦稱《壬戌和約》，條款中涉及國家主權，而最重要的當然是割讓嘉定、定祥、邊和三省及崑崙島予法國，又賠款四百萬銀元，並許開設教堂講道及開放通商等；還有越南往後與他國有割地簽約之事，如果富國（法國）同意就可以，否則就是不允許。其實越南在這條約之下，已處於附庸國的地位。

二、嗣德帝的努力

在這條約下越南已喪失其獨立性，具有濃烈儒家思想的嗣德帝，實在不可能接受如此的安排。嗣德帝對於法國人在東南亞尋找殖民地的決心顯然並不清楚。他以為透過談判允許耶穌教傳教及允許居商，便可化解危機，不得已才以「贖款」便可了事。也許嗣德帝從二次鴉片戰爭中，看到清朝應付英法兩國的技巧，只是賠款了事，並沒有喪失領土，至於割香港、九龍都是些邊陲之地，並不構成對朝廷的威脅，因此他似乎很有信心解決這次危機。當然嗣德帝沒有考慮及中國之大與越南之小的問題。

作為國家元首，寄望欽差大臣著實執行國家政策，本是無可厚非的，但是當時法人正積極在東南亞尋找殖民地，以平衡英人在緬甸和馬來亞的擴張。因此任何人坐上談判桌，結果都是一樣的，原因是法國不但占領嘉定、邊和、定祥三省，實際上亦控制永隆省用以要脅簽約。潘清簡（西元 1796～1867 年）是朝廷大臣中對南圻最為了解者，他曾在 1851～1853 年出任南圻經略副使巡撫六省，對於三省的割讓他已感到無可奈何。嗣德帝也越來越明白箇中的難處，對西方列強應有新的迎戰方法，他假定如果對方是文明理性之人，談判是唯一可說服對方放棄占領的武器。他決定根據《壬戌和約》最後一款中所約定的一年緩衝期，通過談判爭取贖回邊和、嘉定、定祥三省。因此，嗣德帝任命潘清簡為永隆總督繼續與法帥辯論收回失土的事。當然要拿回邊和、嘉定、定祥三省根本是一項不可能的任務。和約簽訂三個多月後，嗣德帝有些不耐煩地批評潘清簡未辦好此事 。 1863 年法國大使鋪那（Louis Adolphe Bonard，西元 1805～1867 年）和西班牙大使坡陵哥 (Carlos Palanca) 抵達順化，提交議和書草稿及交還永隆省。嗣德帝認為必須派員直接赴法國談判，據理力爭，才能修改和約內容，可見他的外交意識是積極而強烈的。該年五月嗣德帝任命協辦大學士潘清簡為正使、吏部左參事范富庶為副使、廣南按察使魏克憻為陪使，隨同法、西二使出國訪問。這是越南第二次派出欽差大臣出使歐洲，主動與法、西兩國政府直接談判南圻事宜。

圖 25：1863 年出使法國的潘清簡

這次出使可說是一次外交出擊，也是東亞國家比較前衛的做法。由此可見，嗣德帝作為越南的最高統治者，有他的聰明才智。他不會畏縮不前，且很快顯示出他對國際形勢的認識，派使者出訪歐洲是突顯國家的主體性的重要一步 。越南朝廷根據法使交來的議和書草稿提出修訂要求，嗣德帝以保護傳教士為由要求對天主教傳教有所管制；又以英人與清廷和議後退出廣東省城為由，願增加賠款贖回邊和、嘉定、定祥三省，並願割出三省部分地區及崑崙一島予以通商及管治等，嗣德帝當然認為越南提出的修訂是十分合理的，法國人理應諒解接受，因此對於潘清簡出訪西洋，顯然懷抱著希望。他似乎很有把握法國會歸還三省地。

嗣德帝統治下的越南雖然採取保守的鎖國政策，但是，嗣德帝卻是一位洞悉時勢的統治者，對於當時的國際形勢，特別是清朝的情況，以及國際輿論對法西侵略越南的看法，都渴望多些了解用以因應法西兩國的逼迫。潘清簡欽使團在 1863 年七月抵達法國，海關鳴砲十七響以示歡迎，法外長在官邸設宴招待，出席者有俄羅斯、奧地利、土耳其、西班牙、荷蘭、巴西、墨西哥、瑞典等各國使臣，禮儀隆重，象徵越南登上國際政治舞臺。九月拿破崙三世偕同皇后及太子在杜樂麗宮 (Tuileries) 接見越欽使團，潘清簡請求法帝准予贖回三省。當時法國因墨西哥之役受挫，擴張政策受到質疑，法國政府允諾歸還交阯支那，但要保留保護權及占領美萩、西貢、堤岸、頭頓及同奈河一帶。潘清簡這次出使總算有所收獲，法國願意交還三省。其後使團繼續前往西班牙訪問，1864 年二月回到越南。

三、法國的武力干預

也許法國當時似仍未有長期占領南圻的準備，1864 年五月法國談判代表海軍中校何巴理 (Aubaret) 到達順化，通報法國願意歸還三省的訊息，但重新擬定《續約書》、《生意書》二份協議。在法國來說，願意歸還三省，改提以上要求，對當時歐洲帝國主義列強的性格來說，是合理及仁慈的做法，越南不應再有意見。可惜的是，順化朝廷一位退休大臣張登桂（西元 1793～1865 年）否定了潘清簡等人出使歐洲的努力及成果，事實上當時法人願意放棄占領南圻三省，除了當時法國仍未強烈傾向帝國主義發展的原故外，越南的外交出擊，派使團出訪法國，使法國與東亞建起友誼之橋也是原因。我們從拿破崙三世偕同皇后及太子在杜樂麗宮接見潘清簡等使團可知，順化朝廷卻沒有感受到法國有限的誠意，沒有把握住這一刻的機遇建構一套與法國的特殊外交關係。法國願意歸還嘉定、邊和、定祥三省，只要求割八處為經商殖民之地，當然並非有愛於越南，而是未有全面占領南圻的準備，故有此退讓。如果嗣德帝把握住這一刻，跟法國談判代表何巴理合作，談出一套新的殖民關係模式，便可化解法國全面占領南圻的企圖心。

然而，嗣德帝並沒思考這些問題，對於國家大政的決策又過於謹慎，竟徵詢已經退休的顧命輔政太保、勤政殿大學士領兵部尚書充機密院大臣張登桂意見，這些守舊人物，不曉得新時勢而誤導了嗣德帝。嗣德帝把潘清簡等人幾經千萬里海波談判回來的成果棄之不顧，而法國些微良好的意願，在保守的王朝政治氣氛下淹沒了，談判又再重新開始。由於越南堅持不割地及要求削減賠款兩項，兩國代表的談判爭論不休，交涉並無實質進展。當時拿破崙三世正以軍事涉入義大利、墨西哥、波蘭及德國等國事務，本無時間處理越南問題，且又與潘清簡協議在前，以為可以藉此與越南建立某種關係，使法國在遠東有立足的空間而不必背負侵略者之名。可是因與越南的談判毫無進展，使法國海軍反對歸還嘉定、邊和、定祥三省的聲音大增。

法國海軍本來就反對放棄及修改與越南簽署的《壬戌和約》，並且企圖擴大在中南半島的勢力範圍，至此，拿破崙三世終於改變主意，放手海軍處理越南問題。1865 年法國交阯支那總督海軍准將拉格蘭第，越史稱嘉棱衣（Pierre-Paul de La Grandière，西元 1807～1876 年）遣使知會順化朝廷，法國即將執行舊約。嗣德帝企圖通過外交接觸與談判來感動侵略者歸還土地的想法，證實完全失敗。法國當時的野心已鎖定南圻餘下的永隆、安江、河仙三省。事實上這三省在南圻最西南，被法人控制的嘉定、邊和、定祥所阻斷，順化的統治更是鞭長莫及。法國實已將南圻南三省銜在嘴中，1866 年 3 月，法國以永隆、安江、河仙三省地勢懸隔，不便於越南，而姦竊往來不利於法國，向越南提出併管其地，實質是兼併南圻南三省，以擴建在越南的殖民地。嗣德帝派員商請法國「永守舊約」，這只是嗣德帝一廂情願的想法。至此越南阮朝國土北中南三圻已去其一，只剩中圻首都要地和與中國接壤的北圻。

1867 年嗣德帝以陳踐誠充欽差大臣，前往嘉定與法人商定《新約》。這次的會商其實已沒有談判的餘地了，對於法國來說軍事占領南圻已為事實，《新約》簽署只是表示從不合法到合法的手續而已，並不因此洗脫侵略者惡名。對越南來說或者對嗣德帝來說，《新約》簽署是接受南圻割讓與法國的事實。可是這一次的談判仍然沒有結果，《新約》並沒有簽成，原因是嗣德帝一直不願放棄贖回南圻的想法。及至 1874 年越法《甲戌和約》或稱《第二次西貢條約》簽訂後，嗣德帝才承認南圻已為法國占領的事實。

當英國在 1852 年發動第二次英緬戰爭，法國才急起直追並於 1862 年占領越南南圻。英法兩國在不知不覺中展開進入雲南的競賽。當英國加緊在緬甸的控制時，法國亦正尋找通往雲南的通道。1866 年法屬交阯支那（嘉定）總督便派遣中校拉格雷（Ernest Marc Louis de Gonzague Doudart de Lagrée，西元 1823～1868 年）和少校安鄴（Marie Joseph Fransois Garnier，西元 1839～1873 年）率探險隊溯湄公河而上，尋找通往中國之路。1868 年他們終於抵達雲南，拉格雷因肝病過世，而安鄴則從長江經上海回到西貢。真正揭開北圻問題的是法國軍火商人涂普義（Jean Dupuis，西元 1828～1912 年），他在 1868 年左右受到雲南督撫邀請，商討平定回亂事，建議軍火等可通過滇越孔道，從海路經紅河（珥河）入雲南。當時道路阻塞未便成行。1871 年涂普義再入雲南，坐船從蠻耗出發，航經越境的保勝、保河，並取得黑旗劉永福（西元 1837～1917 年）、黃旗黃崇英（？～西元 1875 年）允許通航的承諾，抵達安沛，確定沿江至海通暢無阻，才折返雲南。

涂普義在 1872 年回到法國，謁見海軍部長鮑杜奧（Louis Pothuau，西元 1815～1882 年）報告有關紅河可以通航雲南的情況，企圖尋求法國支援實現此一夢想。當時普法戰爭甫告結束，鮑杜奧不敢有所作為，但訓示交阯支那總督以一艘戰艦載涂普義至順化交涉有關紅河的航行權，由此可知，法國在此艱難時期仍未忘記雲南的利益。當涂普義返回遠東途經西貢提出要求時，總督杜白蕾／游悲黎（Marie Jules Dupré，西元 1813～1881 年）允許派出戰船至海口護航，但建議涂普義的商船掛中國旗幟進入紅河。

1872 年十月涂普義的船隊航抵海防前，法國戰艦已在廣安海面巡航，並向廣安省巡撫黎峻（西元 1818～1874 年）聲稱，此行偵查海盜，訪道教之地便前往香港。涂普義出示雲南官員授權書，但黎峻仍拒絕他們進入內河。涂普義尋求駐防北寧的清朝總兵陳得貴協助，陳得貴以涂普義有雲南的授權書，令越官放行。1873 年二月涂普義終於抵達蠻耗，完成紅河通航的創舉。由於涂普義擴大經濟利益，違法走私，越南知會中國查緝此事，並派遣越軍，驅逐出境。涂普義見與他交往的中國官員先後被革職查辦後，船隊便改掛法國旗，並派人回西貢尋求保護，而法國才正式介入北圻事務。

交阯支那總督杜白蕾較早時已向法國報告占領北圻的利害關係，當收到涂普義求援消息後，他又向法國重申「必須占領北圻地區，並保持住通向中國的道路。無須援兵，穩操勝券」。他再三聲明願負全責。就在此時，順化派黎峻等到西貢請求杜白蕾禁止涂普義在北圻生事。這正好給他機會派遣安鄴前赴河內干預的機會。杜白蕾與安鄴已胸有成竹，認定北圻是法越之間的事。杜白蕾有意蔑視中越的宗藩關係，分別致函兩廣總督及雲貴總督，感謝中國過去平定匪寇的恩惠，現在法國決定與越南協力於諸省恢復和平，使北圻雲南間的商業得有圓滿的基礎，並要求駐守北圻的中國軍隊撤出，杜白蕾企圖以一紙公文排除侵占北圻的障礙。

安鄴到河內後根本不談涂普義事件，而是向河內總督阮知方（西元 1799～1873 年）大談剿匪與通商的問題，並自行宣布紅河對法國、西班牙和中國人開放，准許他們出入貿易。阮知方見法人企圖不友善，大集援軍備戰，此時法國援軍亦抵河內，安鄴提出開放紅河通商的草案，要求阮知方議約，並警告將以武力攻城。1873 安鄴發出最後通牒，九月三十日攻入河內，阮知方重傷，絕食殉國。當時駐守北圻的清軍按兵不動，觀望靜待指示。嗣德帝一面委派河寧省新總督陳廷肅（西元 1809～1892 年）等即赴河內與安鄴商議，一面命三宣統督黃佐炎（西元 1820～1909 年）催促劉永福出兵。同年十一月，黑旗軍迅速進軍至河內城外，法軍在紙橋慘敗，安鄴及其部將陣亡。河內法軍堅守不出，迫陳廷肅繼續談判，並聲稱商議定後即將各省交還。陳廷肅認為劉永福不撤軍，恐怕失了和談的誠意，因此通知鎮北大將軍黃佐炎撤回劉永福部隊。

攻占河內是杜白蕾與安鄴的決定，並未得到法國當局授權，當消息傳回法國認為此事有欠妥善，杜白蕾受到責備，因此願與越南簽訂和約後交還北圻。1874 年正月，杜白蕾與黎峻、阮文祥在嘉定簽訂越法《甲戌和約》，而嗣德帝最終默許了條約，堅強地面對法國人。條約視越南為附庸，如越南與外國交通要法國同意，又與外國定商約亦先知會法國等。可見《甲戌和約》簽訂後，法國已將越南納入「保護國」之中。對嗣德帝來說，簽訂條約是了結 1862 年《壬戌和約》留下未完成的工作。1874 年簽署《甲戌和約》後，一切事情暫告一段落，他可以好好的為越南規畫未來的發展方向。

當時越南為了盡快接收北圻，基本上沒有顧及往後可能發生的問題。但如果細讀條約第二款的內容有「大南國大皇帝係操自主之權，非有遵服何國」一語，就完全明白法人的用心及居心叵測。法人企圖通過《甲戌和約》改變越南與中國的宗藩關係。有一點很清楚，越南並沒有把法國的壓迫及跟法國人簽訂的條約正式知會清朝。1869 年越南朝貢節使抵達北京，也沒有正式提及南圻的事，也許使者稍微洩露，致使清朝開始關注越南。其時法軍已出現在河內附近，曾與駐在高平、諒山的清兵發生毆鬥。嗣德帝一度想請清兵撤離越境，事實是清兵留在越境一直是應越南要求。1872 年廣西巡撫劉長佑、提督馮子材剿匪完成後，清廷即下令「照會該國，迅派兵接防」。清軍等待越兵一到，即行撤回。其後發生安鄴事件，清軍一直留在高平、諒山觀望。越法簽訂《甲戌和約》後，法國的企圖叵測，清廷認為粵軍駐紮高平、諒山，既為越南聲援，又可自固邊防。

四、越南被殖民化

1875 年三月，越法正式交換《甲戌和約》，似乎一切尚算順利，其實問題並沒有解決。法國最重要的近程目標是要求越南掃除通往雲南的障礙，那就涉及劉永福在保勝與清兵在北圻駐紮的問題。嗣德帝顯然知道法國人的心意，所以，他在換約不久便命商舶寫信給西貢總督說明北圻情況。信中提及劉永福歸順越南為本國臣子。前與安鄴兩不相下，以約未定耳。現在茲和約既定，各釋勿疑，免生事端。又提及廣西來信宣稱，等候平定亂事，方可前往雲南。法人對於劉永福黑旗軍及清軍在河內東北宣光地區的活動早有警惕，駐海陽法領事申請前往上游查察，卻被嗣德帝拒絕。法人對未能通往雲南開始不滿，嗣德帝對於通航雲南並沒有阻止之意，不過，他正設法維護越南在北圻的有效統治，對於地方官員不阻止河內法領事前往上游描繪地圖及探採金礦一事則提出申飭。由此可見，這時的嗣德帝仍然具有自信心，化被動為主動，主導通往雲南的方案，以確保越南對北圻的自主權。

越南正思考如何突破法國的封鎖。1876 年，嗣德帝決定開放越南人出海貿易。然而法國在北圻的艦隊已違反和約到各內河巡航偵察，越南曾向法使抗議，其實法人已準備就緒，法國大使館設在順化京城外香河南岸，法大使黎那 (Pierre Paul Rhenart) 正式向順化朝廷遞交河內領事往探上游的申請書，越南也批准這次的旅程，又將此事知會廣西巡撫。嗣德帝以為這樣已是很周到的做法。當時太原一帶匪亂，仍未平息，越南要求廣西派兵四營會剿，其目的純為平匪亂。現在法國人上探雲南商路的唯一的阻礙，就是駐守在保勝的劉永福黑旗軍團，法國當然要求調離這眼中釘，嗣德帝為了迎合法人的要求，或免劉永福惹事引致不必要的衝突，他正著手安排黑旗軍團的出路。劉永福自知法人對他有所顧忌，曾表示希望移往海寧，否則只留在保勝。越朝廷認為海寧連接清國欽廉地區，若劉永福與清人串通，便難以控制。嗣德帝無奈的讓他留在保勝。這樣，法人想開商路通雲南的如意算盤仍有很多變數。雖然說在越法《甲戌和約》中有「大南國大皇帝係操自主之權，非有遵服何國」一語，但是嗣德帝仍然很冷靜地面對越中關係。他從來沒有想到要終止與清朝的宗藩關係，最明顯是依期朝貢，而在越中邊境的匪患上，越南持續的要求兩廣軍事支援，讓清兵繼續留駐境內。這些作為都收到平衡法國的效果，這當然會引致法人的不滿。

1878 年五月，北圻出現一奇特現象，有一大批自稱中國官方委派的人越境進入，本來北圻匪亂此時已大致弭平，清軍原本打算撤回龍州駐防，但有位總兵李揚才（？～西元 1789 年）妄稱越南係其祖基業，欲復舊業，竟開始進攻諒山城，使北圻形勢大變。李揚才事件使越南再次要求清軍的支援，而清軍則有更好的理由大批進入越南協助剿匪，這使北圻的軍事形勢起了微妙的變化。嗣德帝得知形勢緊張，奏請光緒皇帝（西元 1871～1908 年）增兵支援。清朝決定派廣西提督馮子材（西元 1818～1903 年）統領二十六營清兵進駐會剿，清軍大批進入越境，已引起法人的關切。1879 年河內法領事對馮子材與黃佐炎大軍會合山北一事，向河內省臣陳廷肅提出疑慮，要求呈報相關消息。陳廷肅竟下令轄區有事通報也一併通知法領事，此事嗣德帝認為有失國格。法領事又投訴劉永福在保勝阻礙商人貿易，請求罷免當地巡警。

當時越法關係日趨緊張，嗣德帝閱讀《香港新聞訊日報》得知，因越南禁大米出口，法商有怨言，法國兵船及水雷船已前來越南。法國將派戰船北上並非空穴來風，禁米之說只是藉口，清軍進入北圻剿李揚才的大動作已威脅到法國在北圻的利益。當時北圻的形勢比想像中更為複雜；除了越南官軍、清軍外，還有黑旗軍、黃旗軍、天地會分子、山區部落叛亂分子、黎氏復國勢力、天主教組織等不穩定因素。現在法軍的積極作為，使嗣德帝十分憂心北圻失控，他已感到無力應付此等潛伏的危機。自 1874 年與法國簽訂《甲戌和約》以來，嗣德帝一直期待法人純然為了商業利益，放棄對越南的侵略。北圻開放貿易已符和約的要求，他曾天真地以為法國最終會把南圻交回等等，但是，這種寄望顯然是落空了。法人不但沒有如嗣德帝的寄望，而且進一步的覬覦北圻，他感到越南本身不可能抵擋住法人的壓力。

五、清法戰爭的悲劇

由於清軍對李揚才事件反應敏捷，強而有力的兩廣部隊似乎使嗣德帝重新恢復對天朝的信心， 他開始把希望寄託在中國 。1879 年九月，李揚才被清軍擒獲，北京下令押至廣西省城正法，梟首越南示眾，並飭令馮子材等陸續凱旋入關，以節省軍費。越南對清兵急欲撤離不以為然，向兩廣總督明白要求清廷保護「字小」的屬國，越南訴諸春秋大義使清廷猶豫不決。最後，馮子材只留守清兵五營分別駐紮在太原、諒山及高平一帶待命，清朝已被套進越法關係的漩渦中。1880 年以後，嗣德帝認為法國派戰船北上，占領北圻的意圖越來越明顯，他自知無力阻擋法國的野心，決定完全倒向清廷。1883 年，北圻的氣氛已經十分緊張，法國兵船陸續抵達，新來的清兵則按兵不動，嗣德帝仍然沒有決心與法人一戰，因為他未收到清朝全面援助的消息，他十分了解越南根本不能單獨與法國開戰。當時法軍揚言要求越南撤銷劉永福兵團以通雲南，越南接受法國保護，並允許法兵進駐河內、海陽及糧倉各處。法軍的警告似非虛言，法軍已開始攻取行動，同年二月法海軍發炮攻打南定城，城陷。在順化的法領事黎那下旗回國，而又有法國兵船進入廣安海口南岸，法兵登山設館、樹旗，逼近順化使越南就範接受法國的保護。

正當法國加強軍事壓力之際，越南使者范慎遹（西元 1825～1885 年）、阮述（西元 1842～1911 年）等於 1883 年 2 月從香港經廣州抵達天津，這是越南使節出使中國不是從廣西鎮南關入境的一次突破。當時李鴻章（西元 1823～1901 年）已獲准休假辦理家中喪事，離開天津前他曾與范慎遹等筆談，在會談中李鴻章告訴范慎遹，現在法國人不願與中國會議越南事。在李鴻章接見范慎遹之前，他已閱讀過嗣德帝轉來的密函，嗣德帝在信中不客氣的批評兩廣總督曾國荃（西元 1824～1890 年）對其陳訴一一駁回，又批評西方諸國挑起戰爭殺人如草。嗣德帝在信函中強調越南自強自治的意願，但為法人所延阻，一事無成。希望中國能派幹員攜帶鑄炮、造船機器到越南設廠教授，或許擇人數十前往中國技藝局學習。對於不得已出兵抗拒法軍，嗣德帝請求清兵預先在順化布防以防法軍襲擊，李鴻章對這位越南國王有關對西方的了解所表現出強烈的自立自強意願，以及對戰略部署的看法都予以肯定，但對於派戰船前赴順化一事，卻一口拒絕。李鴻章說，目下北洋兵船尚未練成，斷斷無可遠派出國，且法國水師擅長，實非中國兵船所能制服。中國海軍只能在廣東、越南海域間遙作聲勢。對於越南之事，李鴻章似乎有些力不從心，他認為現時唯一可做的是由雲南和兩廣量力增兵邊界，進駐越南北部以鞏固邊防，靜觀其變。

當李鴻章啟程南下，法國公使寶海從上海來天津拜會，寶海以朋友身分忠告李鴻章法國攻打越南，與中國無涉。若中國陰助增兵越南，猝然相遇，和局斷難終了。歷史的發展誠如寶海之言。倘若李鴻章能當機立斷，取消休假，派大軍直入越南各隘布防，調南洋艦隊駐防順化，再與法人談和，歷史發展又將是一番新局，然而，李鴻章真的垂垂老矣。不過，面對新興的帝國主義，傳統中國或是越南的官僚體系，都已到了技窮的窘態，再無法應付新的國際體系。

由於范慎遹苦苦哀求中國因機相應，否則越南國事勢將更為艱難，越南形勢急轉直下，迫使清朝不得不有所動作。光緒帝下旨著李鴻章迅速前往廣東，督辦越南事宜。這一年四月在天津的范慎遹再次奏稱：下國國王不勝焦急，懇請派出水陸兵船迅速來下國助援，可是中國仍然是無動於衷。嗣德帝經過多次向中國請求援兵，都沒有得到正面回應，他感到寄望中國出兵助越已經落空，他激勵士氣的說：「畢竟我事我當正辦。」命令省臣鼓舞將兵，當自奮力，以盡臣道而壯國勢。就在此時法軍遭受到一次悲慘的失敗，法軍在河內城外紙橋為劉永福的黑旗軍擊敗，海軍司令戰死，被擊斃的軍官二名、士兵二十名、重傷六十名、輕傷多數。嗣德帝大喜陞授劉永福為提督將軍，賜正二品加賞忠勇金牌一面。

與此同時廣西布政使徐延旭自諒山抵達北圻，越南參贊裴殷年前往會面，徐延旭說，法國使者寶海出示和約，內有「自主之國」之語，謂與中國無關。因此中國只能暗助越南，總不使其藉口。很清楚清軍是為了鞏固邊防而越境進駐，他們完全沒有出兵順化的考慮，他們只能暗助軍火，特別是激勵劉永福抗拒法軍。五月時，嗣德帝已感到形勢愈發不妙，他再次向中國呼救。這封信在五月二十六日由在天津的范慎遹遞呈給北洋大臣張樹聲，嗣德帝在信中作最後的求救說：由於法人先用兵，非下國好事，請求急調水陸各道軍兵速來支援，確保封藩國安全，以固中國的邊防；又請即委派文武幹員乘坐輪船三四艘，砲械裝備精良足夠，先來順安汛鎮守，以防法軍入侵。可是，這麼沉重的呼籲，也喚不起天朝的憐憫，中國對於嗣德帝的呼救再次沒有回應。到了六月，嗣德帝已心力交瘁，大去之期不遠。月中傳位皇長子，十六日駕崩，結束三十六年統治。

第二節　阮王更迭與法人殖民體制

一、短暫的協和與建福帝

嗣德帝原本沒有子嗣，收養三位姪子為子。在嗣德帝彌留之際，以長子育德（西元 1852～1884 年）之德性原不適合當皇帝，然國家大亂之時，有賴年長者持國，故遺詔立長子育德為帝。但是三天後，朝臣阮文祥等發動政變，改立嗣德帝之弟朗國公（西元 1847～1883 年）為帝，年號協和，將育德監禁起來。

1883 年七月，法軍已攻占順安海口，順化朝廷如驚弓之鳥，協和帝即與法國簽訂和約，和約第一條「南國接受法國保護」。至此，越南從北至南都被法國統治，成為法國殖民地。條約規定越南遇有與外國交涉之事，必須由法國作主。法國派駐順化朝廷的公使或稱「欽使」，有權自由出入宮廷，謁見皇帝。而平順省歸屬南圻，安南皇帝只統治於慶和至橫山（北緯十八度），法軍則駐守在橫山和順安確保法國的控制。也就是說，橫山以北成為法國的保護地，法國在北圻設「統使」監督越南官員的工作，但不參與轄境的統治，這種安排實質把越南一分為三，南圻擴大至平順為法國直轄殖民地，中圻安南為法之保護國，北圻為法之保護地。越南的國家主權逐漸被削減。

協和帝但求保住帝位，朝廷官員卻多有反對與法簽和約。在嗣德帝去世時，遺命朝廷大臣阮文祥、尊室說（西元 1839～1913 年）和陳踐誠（西元 1813～1883 年）同為輔政大臣，但是政權主要由阮文祥和尊室說主導，他兩人聯手密謀弒協和帝，陳踐誠因反對也一同被殺害，改立十五歲的建福帝（西元 1869～1884 年），即嗣德帝的第三位養子。當法國已控制安南朝廷時，在北圻的清朝軍隊仍與法軍對峙中，一些越南官員也召募義勇追隨清軍對抗法軍。從河內至北寧沿途都是中國軍隊和越南軍隊駐紮，而法軍援軍也陸續抵達北圻。1884 年，法軍攻打駐紮在山西的清軍，清法戰爭開打。越南黑旗軍加入對抗法軍，由於法軍槍炮火力猛，黑旗軍退回山區。當法軍占領了興化、宣光後，直接攻打鎮南關企圖一舉將中國軍隊趕出越南。其時中國援軍馮子材率領清軍防禦，黑旗軍亦來支援，這就是著名的清法鎮南關之役。清軍在黑旗軍幫助下取得大勝，法軍不得已棄守諒山。而清軍、黑

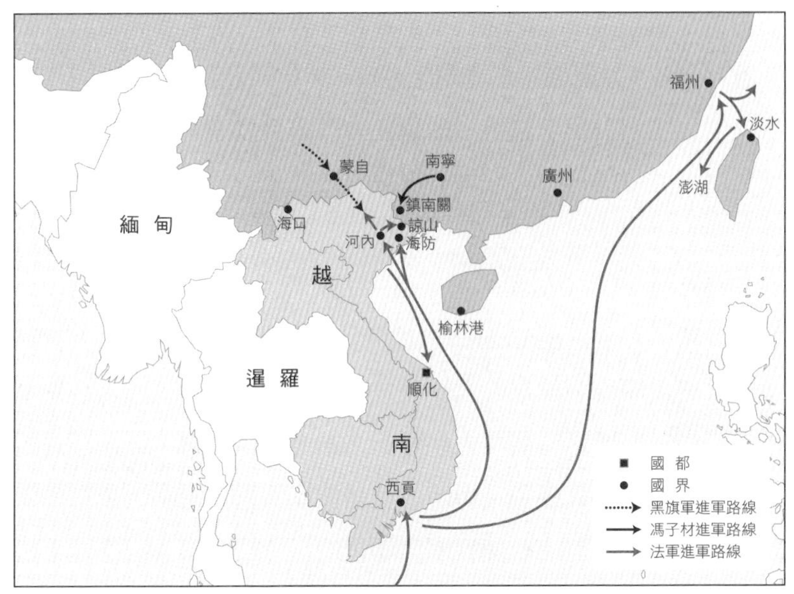

圖 26：清法戰爭過程

旗軍和越南軍隊乘勝追擊，攻取了興化、臨洮等地。然法國採取以海軍直迫中國沿海的策略，首先北上威脅福建，攻打臺灣，要脅清廷談判。雙方終於在 1885 年簽訂《中法新約》，全稱《中法會訂越南條約十款》，清朝中國承認法國對越南的保護權，並命令黑旗軍撤離越南。

二、咸宜帝反法運動

在順化，建福帝登帝位六個月便病逝，輔政大臣阮文祥和尊室說二人竟不立嗣德帝第二養子正蒙，改立正蒙弟弟十二歲的咸宜帝（西元 1871～1944 年），阮文祥等人顯然是居心不良。這次朝廷擅自擁立皇帝，法國欽使黎那認為違規，沒有事先取得法國同意。從河內急調炮兵進駐順化，迫阮文祥等重新申請冊立事宜，阮文祥以喃字書寫申請書，法欽使強令必須以漢字書寫。法國欽使和將領強令從正門入宮行冊封咸宜帝之禮。事畢，炮兵才調回河內。

1885 年四月中法和約簽訂後，法統將（總司令官）可爾西／姑黜眥執（Comte de Courcy，西元 1827～1887 年）率領五百名軍隊乘船入順化，擬定進宮謁見咸宜帝，且必須從正門入及讓全體士兵從正門通過。這要求朝廷認為不合朝廷禮儀，阮廷允許統將走正門，但士兵必須走旁門，可是法統將堅持士兵也走正門。阮廷機密院官員前往欽使官邸商議正門、旁門之事，統將卻不接見，甚至慈裕皇太后（紹治帝皇后，嗣德帝生母）派人送贈禮物，統將也拒不接受。朝廷上下對法人的傲慢不敬，極為憤慨。尊室說更是氣憤填膺，密謀起事與法人一拼，趁夜半開槍射擊欽使官邸，攻打法軍兵營。其時法人宴會剛剛散場，冷不防越軍起事。及至第二天法軍才有力反擊，越軍被擊敗逃走。朝廷大臣護駕皇帝及宮眷等避走廣治城。輔政大臣阮文祥降附法人，上疏請迎咸宜帝回京以安人心。然而，尊室說將奏疏密藏秘而不宣，簇擁咸宜帝至山防新邸，慈裕皇太后及後宮等不願撤離。不久阮文祥再次疏請咸宜帝回京，謂諸事已安排妥當。咸宜帝卻被尊室說脅持，不知所蹤，慈裕皇太后等三宮決定回順化朝廷。

法人在咸宜帝仍未回京時，決定將兵部尚書之權交法欽使統轄，又調回北圻經略阮有度（西元 1832～1888 年）、南定總督潘廷評（西元 1831～1888 年）入京輔政與阮文祥同掌機密事。阮有度和潘廷評熟悉法國保護政策的運作，故有此安排。後因阮有度與阮文祥不和，再調回北圻。與此同時，尊室說簇擁咸宜帝至廣治的山防，挾皇帝以示天下起兵勤王。京師以外從平順至清化士民響應，燒毀信仰天主教的村落，有八位神父及二萬多人被殺害。可爾西統將回北圻召集平亂之事，本已決定派兵一千五百前往追捕尊室說，可是法國傳來電報，不許動用大軍。同一時間，北圻和中圻發生霍亂，法軍死者三四千人，因此用兵之事被迫停止。

在順化，因咸宜帝不知所蹤，朝廷亂事頻仍，法人決定改立新皇帝。然阮文祥遲疑不決，拖延時間，阮有度等北圻人多憎恨阮文祥，請求統將嚴治其罪。統將可爾西決定逮捕輔政阮文祥、戶部尚書范慎遹和尊室說父親等三人，流放至加勒比海法屬殖民地海地 (Haiti)。之後，統將再次將阮有度召回順化與潘廷評同理朝政。一切準備妥當，法欽使便入宮謁見慈裕皇太后，請立堅國公正蒙（西元 1864～1889 年）為帝，改元同慶，時年二十二歲。至此，法人將阮廷大權完全置於法人保護之下，朝廷只是法人的傀儡。

三、傀儡的同慶帝

同慶帝為人善良，也想維新，甚得法人之心，而朝廷大臣已熟知遵行保護政策，因此朝中諸事大致安穩。當時咸宜帝已轉至廣平，而勤王檄文傳遍各地，人心思舊，中圻各處都有起義事件，謀求復國大業。北圻各省舊臣，也蠢蠢欲動，北圻處於無政府狀態。1885 年統將可爾西成立北圻遠征軍討伐反叛者，可是這年夏秋之際，霍亂蔓延開來，遠征軍病死者眾，由於統將不得人心被撤換了，兵權交瓦爾涅（Charles-Auguste-Louis Warnet，西元 1828～1913 年）中將。1886 年同慶帝一度北巡河內檢閱，再至乂安、清化等地，並諭告天下：凡從咸宜帝作亂者，其速散兵待命，各復原官。若尚逡巡不決，即加討伐。

劉永福撤離時，仍有一千多人不願離開，由梁三奇統率據守原地。此時，聞咸宜帝勤王之召，與阮朝舊臣文紳等起義軍互相聲援，繼續抗擊法軍。這場復國戰爭，頗為激烈，法軍和朝廷官軍對抗復國軍民，及至 1886 年法軍攻勢逐漸占上風，文紳等復國軍全面潰敗。剛上任的文官統督琨玻（Paul Bert，西元 1833～1886 年）改變政策，撤回各路法軍，鎮守據地。對付復國軍則由朝廷官軍負責，文紳等復國軍又返回根據地，繼續對抗。統督前往河內，欲開發北圻，使之興旺起來，因此在北圻設立統使府和財政管理所，又入順化謁見同慶帝要求在北圻設立經略衙門，使經略大使與統使府共同處理北圻諸事務。琨玻回到河內，一方面部署對復國軍的征服，一方面開設法越學堂，商業局，並制定屯田條例等，使北圻的傳統體制插入殖民地的統治框架中。

由於琨玻過勞死，法國派新統督悲幽 (Bihourd) 過來越南。這位新統督一到來，便成立「全權總督府」，從前法國在越南的征服地區，各設官將單獨管理政務，互不隸屬。1887 年設全權總督府，總領法屬殖民地所有事務，首任印度支那總督功增／康斯坦斯（Jean Antoine Ernest Constans，西元 1833～1913 年）在西貢就職。至此，法國在越南、柬埔寨和寮國完成整個殖民地的統治架構。在越南，南圻設一個統督、中圻設一個欽使、北圻設一個統使，以統治轄區政務，涉及全境政策則遵照總督命令執施。

四、被放逐的咸宜、成泰、維新三帝

由於同慶帝的撫諭政策沒有收到成效，復國軍繼續攻城掠地，又把兵權交回法人之手。法軍深知咸宜帝實力有限，除占據有利進攻的地勢外，便是運用收買內奸，施行逐步鏟除之計。終於在1888 年，由內奸引領下，虜獲咸宜帝。當時咸宜帝已十八歲，法人把咸宜帝送去北非法屬的阿爾及利亞 (Algeria) 居住，答應每年提供兩萬五千法郎作為生活費。同年十二月同慶帝駕崩，皇子幼小，欽使與廷臣協議，以同慶帝之姪福昭（西元 1879～1954 年）繼位，也是年僅十歲，改元成泰。

1889 年，成泰帝以阮仲合（西元 1834～1902 年）、張登亶（西元 1833～1914 年）、裴殷年（西元 1832～1895 年）共同輔政，又任命原海陽總督兼北圻剿撫使黃高啟出任北圻經略使，前往經略北圻。當時各地起義反法聲勢仍然浩大，如巴亭起義、荻林起義、雄嶺起義、香溪起義等反法勢力，可是大都缺乏有效組織和領導能力，地域派系各自為政，難以形成共同陣線，終於被殖民軍與官軍逐一擊破。其時仍有零星事件，朝廷再以平定總督阮紳為欽命節制軍務，剿除黨羽，文紳支持者也土崩瓦解。1892 年，阮紳調回中央任職，1896 年升任輔政大臣。

成泰帝在位十九年，禪位五子福晃（西元 1906～1945 年），是為維新帝。1916 年，維新帝十七歲，趁第一次世界大戰，法國自顧不暇，發動政變，企圖推翻法國的殖民統治，逃出順化城，被法軍抓獲。因拒絕當傀儡皇帝，隨後維新帝與父親成泰帝一起被流放到了法屬非洲東部的留尼汪島／農島 (Reunion) 上。換言之，在法殖民越南至此，已有三位皇帝被放逐外地，可見越南人心不服如此。

五、親法的啟定與保大帝

維新帝之後，法人改立同慶帝之子福昶（西元 1885～1925 年）為帝，改元啟定。當時啟定帝年僅七歲。1922 年啟定帝前往法國馬賽訪問，參加馬賽市舉辦的殖民地博覽會。皇太子福琠（西元 1913～1997 年）伴隨前往，之後留在法國受教育。這是越南歷史上皇帝第一次出國訪問，也飽受旅居法國越人的非議。1926 年啟定帝逝世，留法的皇太子回國繼位是為保大帝。其後又再度留學法國，至 1932 年才回順化任皇帝。及至 1945 年第二次大戰結束，隨即宣布退位。越南阮朝至此結束，越南歷史進入現代史時代。

圖 27：保大帝

第三節　法人治下越南現代化困境

一、法國統治下的越南

法人對越南的入侵首先以軍事征服為主，1862～1867 年確立在交阯支那（Cochin-china，南圻）的直接統治，並建立安南（Annam，中圻）和東京（Tonkin，北圻）的支配權。其後，法國頒布一批殖民地法令，對印度支那實行殖民主義的行政安排。及至第一次世界大戰結束後，法國殖民者越來越重視經濟，以原料生產和出口導向大力開發越南。法國於 1887 年完成對中南半島的入侵後，將越南、寮國、柬埔寨合併為「印度支那聯邦」。聯邦的統治機構最高為行政長官總督、駐屯軍司令、海軍司令、總務長官、司法局長和關稅專賣局長，各司其職，屬行政指導的政府架構。

早期交阯支那統治者由海軍將領擔任，既負責軍事又負責民事，越人稱之為「統督」，廢除阮朝傳統的府縣機構。1879 年交阯支那統督改由文官出任，在統督下設總檢察長、內政署長、審計官等職。地方行政劃分為四大區和若干社區，官員全由法國人擔任，社區的下級官員有部分由法語和本國語畢業生充任。社區下的「總」和「社」屬於村落基層單位，由效忠法人的越南人擔任官員，屬公務員系統。1887 年，交阯支那成為法屬印度支那聯邦一部分後，進行一次行政改革，直轄領地分為二十一省、兩市

圖 28：杜美總督

（西貢和堤岸）、一島（富國島）。印度支那總督下設立副總督稱「統督」，主要負責交阯支那事務，直接向印度支那總督負責，在保護國安南設駐紮官稱「欽使」，在保護區東京設駐紮官稱「統使」，這就是法國在越南的統治模式。

1888 年，總督里蕭／眉綿（Étienne Richaud，西元 1841～1889 年）將沱瀼港、河內市、海防市三地劃歸法國直轄，不再屬於阮朝政府。又規定在阮氏朝廷轄境各省管理，官吏任免如舊，但必須由法人指揮和檢查。最能體會殖民主義體制的是 1897～1902 年確立的杜美體制。第十五任印度支那聯邦總督杜美（Paul Doumer，任期 1897～1902）實行一系列的行政改革，形成完整的殖民統治，故有此稱。法國把原來一定範圍內的間接統治納入中央集權統治的架構中，並通過控制工業和商業來確立。其特點主要就是總督集權，分而治之，文化同化等政策。總督代表宗主國政府，集立法、行政、司法大權於一身，全權管治殖民地，在東京和安南的駐紮官直接對總督負責。其後的總督保羅博（Paul Beau，任期 1902～1907 年）和後幾任的沙羅特（Albert Sarraut，任期 1911～1914 年，1917～1919 年）對既有的體制做了一些改變，如建立諮詢院、設立省級議會等企圖防止過度中央集權，但並沒有很成功。

法殖民地建立學校訓練本地官員及僱用更多本地人，並將他們納入公務員體系中，儲備本地人才和提高政府效率等，這不是為了讓本地人自治，而是為了同化本地人的努力。交阯支那直接由法國政府管理，權力掌握在總督手中，由一個樞密院和一個殖民地議會協助，其下的每一省區設有一位法籍行政長官，其下的官員多以法籍為主。在安南和北圻，皇帝、宮廷、朝廷官員等級制度依然存在，然真正的管理者是駐紮官，由一個樞密院和一個保護國議會協助工作，其下省區都置於駐紮官之下。在安南和北圻並不同於交阯支那直接由法人管治，保護國的行政工作都由本地官員在對等的法籍官員指導下進行，法籍官員一般不直接干預政務。

自杜美之後，總督擁有凌駕各區的權力，如交阯支那是直轄領地，由總督（統督）直接管治；東京是保護地，朝廷罷設北圻經略使，由法籍駐紮官（統使）進駐；安南為保護國，由法籍駐紮官（欽使）進駐；河內和海防等重要城市受總督直接管轄，其市長和行政長官由總督任命。交阯支那殖民地議會，雖然有一些代表團體，其實與評議會相仿，屬諮詢性質。在中圻，安南阮氏朝廷雖仍然存在，然而其任命的總督、巡撫、按察等官及各省知縣都要執行欽使和統使的命令，他們自己或安南王阮朝決定不了任何事情。1894 年後，法殖民當局更把朝廷財政納入保護政府的預算內，阮朝大小官吏由殖民當局支付薪俸與津貼。這一措施將阮廷上下百官變相成為殖民地公務員，一切權力掌握在駐紮官手中。若違背殖民當局的旨意，任何人包括皇帝都有可能被廢黜、囚禁或放逐。這就是殖民地的性格。

法人為了鞏固殖民統治，又怕越南人心不服，復國事件層出，因此法人對阮廷臣民官軍並不太信任。在防守方面，除了法軍鎮守機要重地和邊防外，又成立二支保安部隊，這兩支保安部隊都是由越南土著組成，由法人直接訓練、裝備和統轄指揮。其中一支，士兵頭上戴一種繫上藍帶的笠帽、腰束藍帶，因此稱之為「藍帶兵」。他們駐防在各官邸、公所，並駐屯鄉村各地，以防盜匪。在險要地方則由法軍和「紅帶兵」鎮守。紅帶兵亦是由土著組成，服裝與藍帶兵一樣，只是改用紅色帽腰帶而已。紅帶兵的戰鬥力較強，隨時在法軍指揮官率領下與法軍出戰動亂地區。

二、殖民地下的越南經濟

殖民地的經濟實行嚴格的經濟保護政策，通過各項法令嚴格限制殖民地農業和工業生產的產品，通過宗主國特許的貿易公司來壟斷對外貿易，禁止殖民地與其他國家的貿易活動。在保證宗主國利益前提下，法國允許殖民地的特殊安排，在中央集權下推動法國化為目標，在經濟上實行控制生產、進出口、貨物分配和價格等措施。

總督經濟政策由「財經事務統籌委員會」來協助工作，該委員會是由高級法籍官員、高級印度支那籍官員、交阯支那殖民地委員會代表，以及商會、農會的代表組成。這是一個純屬咨詢性的機構，只能協助處理總督交來的一般事務，包括殖民地的總預算和保護區的預算等。印度支那的法律主要由法國議會制定或由法國殖民部門以法令形式頒布。杜美時期是以分配歲入和預算撥款為基礎，中央的預算是由總收入和關稅來提供，包括直接土地稅、人頭稅、酒類和鴉片專賣稅的收入。而殖民政府為公共工程、交通、農業、工礦、司法和政府各部提供經費。在杜美政府的有效管治下，財政赤字不再出現。

為了促進經濟發展，杜美強化了有法商參與的商會和農會，提高其功能協助選出最高評議會，這是由官方組成的團體，協助全面審查預算撥款、防務等問題，以及有關公共工程和經濟發展的建議，進行立法和行政管理等。在杜美時，印度支那的商業貿易額提高一倍多，對法國貿易增長兩倍。杜美體制比較重商主義，主要是考慮法國的商業利益，法人的就業、貿易和投資機會，不鼓勵本地工農業的發展，因此與鄰國的貿易被隔絕了，傳統的工業和手工業落後了。只有擁有資本的大戶才能在新的經濟領域中競爭，到了 1902 年歐洲人幾乎接管了二十萬公頃土地，1910 年後這些土地發展為茶葉、橡膠、咖啡的種植園。蔗糖在法人來之前已有生產，也有採礦和工業，如越南東北廣寧省的鴻基煤礦和南方省的碾米廠，還有一些絲織廠、酒廠、水泥廠和電力裝置等。

1918 年第一次世界大戰後，法國獲得德國償付賠款，法人資本雄厚，大力投資經濟作物的種植園區和農產品加工，開礦、運輸業、商業和銀行業等項目，目標是占有原料、礦物資源和市場。例如為了擺脫英國橡膠業的市場控制，大量種植橡膠，從 1919 年的一點七公頃至 1930 年的十二點六公頃，投入橡膠種植業的工人超過其他行業工人的總數。1930 年越南全國耕地面積四百六十萬公頃，法國資本財團占有七十六萬公頃，占全國耕地面積六分之一，還有以租方式占去土地九十一萬公頃，南方小農只剩下三分之一耕地，以致兩百多萬農戶完全失去了土地。法國資本家通過對越南市場的控制，每年獲得高達十億多法郎的利潤，1924～1929年在印度支那人稱「黃金時代」。1920年代，越南人的工商業也在提升中。越南本地資本家，包括華商在內創辦了紡織廠、發電廠、內河輪船公司、小型礦場、出口貿易商行、銀行等，如1926年在西貢成立越南銀行，為本土企業服務。1926～1927年河內較大的工商企業約七百多家，越南人經營約三百家；西貢五百家企業，越南人有七十家。工商業的發展促進越南城市繁榮及人口增加，1928年河內有十三萬人、海防有九萬八千、順化有三萬五千、西貢有十二萬五千、堤岸有十九萬二千，而堤岸人口大多是華人。總之城市居民占全國人口2%。不過越南資本相對於法國資本力量較為薄弱，如越南銀行，最後被法國大銀行吞併了。隨著經濟發展，越南工人大量增加。第一次大戰前，工人人數約十萬左右，1929年上升至二十二萬人；其中工商企業工人占39.2%，種植人員36.8%，礦工24%，此外還有外僑資本的工人和鐵路、水利工程勞工、手工業工人等等，越南已走上現代化的過程。

三、越南鐵路發展

在運轉軍隊和開拓商業貿易的過程中，需整修現代化的道路以便交通。為了貿易的便捷，殖民當局一開始便設立商局從事貿易，建造小型火輪船廠，來往各河流上下游載運貨物和旅客，大大促進了內地與沿海的交通運輸。1891 年開始鋪設鐵路，最初的目的是便於防守和軍隊的調動，其後成為商務、旅遊的重要運輸系統。其實早在 1881 年印度支那已建成越南歷史上第一條鐵路，從西貢－堤岸的電車鐵路；1885 年從西貢至美萩的鐵路亦落成通車。在北圻第一條鐵路是在 1895 年建成，從諒山至富涼滄（北江）。1891 年印度支那總督拉內桑（De Lanessan，任期 1891～1894）任內，確定優先興建連接河內與西貢的南北鐵路，並將河內與老街的鐵路連接起來。

在杜美執政時越南鐵路的建設進度被大大加快。1897 年杜美政府提案，興建連接雲南與海防的滇越鐵路。1901 年法國政府批准建設計畫，隨即動工興建。越南段（海防至老街）長 394 公里；中國段（河口至昆明）長四百六十九公里，鐵路自越南老街

圖 29：1881 年西貢——堤岸的鐵路通車

跨越紅河進入雲南河口連接，越南段工程 1903 年完成。中國段於 1904 年動工，及至 1910 年竣工全線通車。這是越南與中國接軌的國際鐵路，也是當時該區的現代化鐵路工程。而越南的縱貫鐵路（南北鐵路）由西貢至河內於 1899 年分段動工興建；1899～1905 年建成河內至榮市段；1905～1913 年建成了西貢至芽莊段，又於 1913～1927 年建成榮市至順化段，而順化至芽莊段則在 1930～1936 年完成。興建這條南北鐵路歷時三十多年，全長一千七百二十六公里，於 1936 年全線通車。越南 S 狀的南北地型，通過南北鐵路貫通起來，對國內的開發與人民流動有極重要的影響，越南南北進入一體化的過程。

四、越南去中國化

在文化方面，法國殖民地管理特點著重於推廣法蘭西文明，如思維方式、宗教、意識形態、語言、生活習慣等。法國人表現出強烈的文化優越感，堅信負有向世界傳播文明的使命，拯救他民族的苦難和愚昧。法國首先在越南強制推行拼音文字，逐步擴大法語的應用範圍，並推廣越南拼音文字（國語字）為輔的語文教育。傳統上越南在教育上深受中國文化的影響，教育以科舉考試取士，所讀的書籍就是中國的經、史、詩文等，法國要將越南的中國文化轉化為法國文化，才能更有效地推行殖民文化。

首先在交阯支那進行改造，推行同化政策，用以擺脫中國文化的影響。1879 年規定每一市區和鄉下轄區內選擇最好的學生送到法語和本國語混合的初級學校和中等學校就讀，其餘派往市區本部的初級本國語學校學習，少數進入中等本國語學校，而法語是選修科，最初主要是訓練翻譯人才。這種設計最初是在東京保護區和安南保護國推行，其後才在交阯支那推行。1898 年創建於西貢的法國遠東學院，於此時遷至河內，法人加強對越南歷史與考古的深度研究。為了加強殖民地人民的科學知識和法國語文知識，1906 年法國在河內設立印度支那大學 (University of Indochina) 以培養殖民地高級知識分子，又以四萬五千法郎來發展現代化的教育。當時接受教育的越南人增至二十二萬人，然而及至 1913 年，只有少數學生就讀新式學校，大多數學生寧願進入傳統的私塾就讀。

殖民政府為了擺脫中國文化對越南的影響，開始重新思考改變具有中國傳統特色的私塾學校，首先要改革東京和安南每三年一次的科舉考試。1915 年北圻便廢止鄉試，1919 年包括安南也廢除千年來的科舉考試。當時第二次出任總督的沙羅特接辦了東京所有的教育，迫使人民普遍學習法語，但效果不好且過於浪費，故又恢復本國語和法語的混合學校，卻禁止開辦非屬於國家的學校，也就是說私塾變為非法學校。法國重視自己的語言文化，認為有責任傳播高級文化於落後民族，法人除了工作外，甚少移民去殖民地，但是對殖民地人民的法國化卻極為用心，故十分重視殖民地的教育，培養他們銜接入法國文化的軌道中。

所謂本國語是指拉丁化的越南語文，傳統上越南皇朝一直以漢字為官方語文，漢字成為知識分子或殿堂文學的主要語文工具。十四世紀後，越南利用漢字創作越南民族語文「字喃」或稱「喃字」，喃字其實是利用漢字六書方式兩個或三個漢字組合而成，用音和義來表達越語文的發音和意思。由於書寫起來比較複雜，朝廷仍然沿用漢字，但是民間通俗說唱文學卻多以喃字來創作，更能收到預期效果，更為生動活潑和親切。十七世紀初耶穌會傳教士羅德在越南為了傳教方便，用拉丁文字來拼寫越南語，這種拼音越南語文一直流通於傳教士和教友之中。法國殖民當局便利用這種拉丁文拼音的越南語文作為本國語，越南人一般稱為國語字，這種國語字即一直沿用至今的越南文。由於拼音文字易學易懂，到 1920 年代掌握越南拼音文字即國語字的人數超過懂漢字的人數。然而漢字仍然流通一段時期，特別是安南朝廷堅持下的中圻，至 1935 年在殖民地當局指導下，朝廷才批准各學校改用拼音國語字，一年後正式禁止漢字流通。

五、本土意識與西方思潮

隨著城市化和工商業化，人們的知識水平在上升中，接受西方教育的年輕知識分子都擁有獨立自由的意識，不滿殖民地統治政策日增，這種情緒滋長為參與反對殖民地的主力。1930 年代殖民政府利用各種行政手段占用土地，如 94.8% 越南人口，其耕地面積只有 28.5%；而 5.2% 法籍人口，卻擁有耕地 59.6%。另一方面，高額的地租、稅捐和高利貸等使農民終日勞動，生活仍然艱辛難過，反殖民地的思潮在知識分子和農民中滋長起來。

法國在越南推廣法國文化，而在殖民地的自由氛圍下，使知識分子從法國文化中接觸到民主自由思潮及民族主義思想，形成民族獨立或改良活動的浪潮，這又是殖民地統治者意想不到的後果。首先出現的是一位從傳統到現代的思想家潘周楨（西元 1872～1926 年），他自幼攻讀儒學，1901 年在禮部任職，對官場風氣不以為然，認為要大肆改革才行。1905 年，他辭職周遊全國，探求國家出路，他深受盧梭（西元 1712～1778 年）、孟德斯鳩（西元 1689～1755 年）的影響，推崇中國維新思想家康有為（西元 1858～1927 年）和梁啟超（西元 1858～1927 年）變法圖強的論述。潘周楨開始形成自己的思想，如廢除君主，建立民治，依靠法國，進行改革。潘周楨的政治主張代表了越南一些改良派意見。1906 年潘周楨創辦一所學校，鼓吹改革法律，予以言論自由等，幾個月後學校被查封，他終於在 1908 年因反殖民被捕，囚禁於崑崙島。至 1911 年被釋放，表示願與殖民地合作，到了巴黎。1922 年，啟定帝赴法訪問，潘周楨發動越僑抗議，列舉啟定帝七大「該斬」罪狀。1925 年潘周楨回到越南，繼續宣傳民主思想，他認為「法國是今世界文明的領導」，反對暴力反法，於 1926 年在西貢病逝。

圖 30：潘周楨

六、越南本土意識的抬頭

第二位為人所知的是潘佩珠（西元 1867～1940 年），原名潘文珊，號巢南。自幼習經書，精通漢文，高中解元。1885 年曾聚集百多名同學響應「勤王運動」，1904 年成立越南維新會，宗旨是建立君主立憲國。1905 年初去日本結識梁啟超、孫中山（西元 1866～1925 年）、章太炎（西元 1869～1936 年）等人，受梁啟超、孫中山影響頗深，與日人大隈重信（西元 1838～1922 年）、犬養毅（西元 1855～1932 年）、宮崎滔天（西元 1871～1922 年）等人有聯繫。曾撰寫了《越南亡國史》等反法人文章。多次來往日本和中國，組織越南學生赴日留學，掀起有名的「東遊運動」。由於組織越人反對帝國主義，1909 年被日本政府驅逐出境轉移至廣州，1912 年成立越南光復會，派會員回國進行武裝活動。1913 年被廣州當局拘捕入獄，寫下《獄中書》。1916 年潘佩珠獲釋，1924 年解散光復會卻成立越南國民黨。1925 年在上海被法國特務綁架，押解回越南，軟禁於京師。

潘周楨和潘佩珠二人經常在國外，但對國內的思潮具有非常重要的影響力，1907 年由梁文玕（西元 1854～1927 年）創辦的一所「東京義塾」，是一所免費教學，採用文言文、國語字和法語為教學語言的學校。他們深受潘佩珠、潘周楨的影響，認為儒家思想已過時，應該學習西方和日本的新思想。他們支持改用國語字來書寫越南語，出版拉丁化國語字教材和報紙，對國語字普及起到了積極意義，從而降低漢字和喃字的影響。東京義塾出版的《燈鼓叢報》用漢文和國語字兩種文字併載，這是河內第一次用國語字發行的報紙，並鼓吹使用國語字。東京義塾初創便有學生四百到五百人，後增至千餘人。由於東京義塾與潘佩珠的維新會有密切聯繫，學生成員積極支持東遊，其影響不僅是文化，且形成為一股愛國力量。1908 年越南中部發生抗稅事件，河內又發生企圖毒殺法軍事件，殖民地軍方認為「東京義塾是北圻叛亂的亂源」，於是下令關閉東京義塾，並逮捕該校的負責人，沒收並嚴禁收藏和流傳東京義塾的教材。越南維新運動被鎮壓，潘佩珠等人被驅逐出境，越南的改良運動進入低潮，當時新思潮直捲全國，維新與改良普遍存在於知識分子和官僚階級中。

例如阮朝的高級官員黃高啟（西元 1850～1933 年），曾任北圻經略使，其後回順化又出任輔政大臣及 1901 年升授文明殿大學士。1902 年退休後，黃高啟定居河內著書立說，在 1909 年出版一本以國語文撰寫的《越史鏡》，可代表一些越南人的想法。黃高啟認為法人設學校教國人，然國人多不願學。他批評故家巨族子弟，競學漢字死書，專事科舉。又說近來國人已漸知改革教育，國家多設學堂及高等學校，可是卻有人積仇激變，聚眾抗稅，又倡出洋遊學之說、擅開義塾，無不群起與法對立。他認為從前「吾國夜郎自大，妄詡文明；外國則夷之而不化。而今吾國文明雖稍輸於法，而守舊老癮，不能奮然革除。我國之誤點自誤也，其於人乎何？」其實當時民智已開，一位自稱為胡口李先生寫於 1889 年的《西行詩記抄略》，書中有〈支那變法賦〉、〈自由主義論〉等，無論文章所論為何，得見當時越南人的識見一斑。1909 年出版的《東洋政治》（漢文）對法人在越南的管治架構與條例稅捐等都清楚呈現。同年出版的《博物新編》更是包羅萬象，圖文並茂，是一本科學之書。凡此皆可說明，越南人在法人的統治下已走上現代化的方向。然而時代越進步，知識越開放，殖民地的統治越來越守不住，更何況殖民地統治者最主要是圖利於宗主國及其商人而已，對於被統治的人民沒法有同理心來對待。因此推翻法人統治的想法從來沒有中斷，更激烈的手段接踵而來。第一次大戰後，特別是 1917 年蘇聯十月革命，共產主義思潮直捲全球，也影響著越南人的思緒，而一位共產主義青年開始漸露頭角，他就是胡志明（西元 1890～1969 年）。

胡志明原名阮必成，又稱阮愛國等等，1943 年改名胡志明。胡志明 1890 年生於越南儒學家庭，15 歲入國語文學校讀書時，已經參加反法活動。1911 年當教員，不久到了西貢尋求救國救民的辦法，這一年加入法商輪船公司當廚師助手，他利用這機會學習外語，接觸民眾，訪查各國民情，觀察世界等。1919 年巴黎和會召開時，改名阮愛國，代表在法國的越南愛國者，提出各民族權利的八項要求。他要求法國承認越南民族的自由、民主、平等和自決權。可是，巴黎和會並不理會他的要求。他認識到要獲得國家獨立和自由，必須自我解放。他把八項要求印成傳單，廣泛分發並郵

圖 31：胡志明（右）與越共重要人物武元甲（左）

寄回越南。阮愛國的名字在越南就成為愛國的旗幟。1920 年胡志明在法國加入共產黨，1923 年到蘇聯學習，1925 年在中國廣州創立越南青年革命同志會，走上共產黨革命的道路。1930 年在香港成立越南共產黨，1931 年被香港政府逮捕，押返越南由法國政府處置。其後胡志明又逃亡至中國廣西組織反法鬥爭，1941 年日本占領越南，胡志明又回到越南北部，組織越南獨立同盟會，從事反法和反日的鬥爭。1942 年胡志明到中國聯絡越南的抗日力量，結果被中國國民政府逮捕，監禁了十三個月，期間他寫了一百多首詩，收入《獄中日記》一書中。1943 年胡志明獲國民政府釋放，隨即回國，繼續領導革命活動。

第八章 Chapter 8

二戰後南北分裂與再統一

第一節　日本入侵與共產主義的發展

一、戰前日本對越南的控制

1931 年，日本對中國發動九一八事件，可算是二次大戰的開端，但及至 1937 年七七事變後，中國才全面抗日。日本攻打中國三年，已掉入泥淖之中。為了解決海外原料供應、阻斷華僑支持中國抗日，以及從越南、緬甸包抄中國臨時首都重慶，日本決定入侵東南亞。首當其衝的是越南，當時越南法軍擁有一萬五千名兵力、五艘戰艦、一千名海軍、一百架飛機和三個高射炮部隊。可是 1940 年日本與軸心國義大利和德國締結同盟，利用德國迫使法國政府讓步，允准日本軍進駐越南殖民地。

1941 年日本軍進駐印度支那全境，日本沒有觸動法殖民地的行政系統，讓法人維持殖民統治，並允諾不會去打擾保大帝。日

圖 32：1940 年，前往諒山的日軍

本與法殖民地政府簽訂《日越經濟協定》，日本享有最惠國待遇；日貨輸入獲最低稅率或免稅，越南盡義務輸送戰略物資給日本。1940～1943 年日本資本壟斷在印度支那的投資，1943 年因戰爭所需搜羅大米百餘萬噸、玉米二十四萬噸、優質木材三十萬立方公尺。在日本的掠奪政策下，共產黨的活動開始出現，1940～1944 年爆發大規模的起義抗日事件。然而越南本地的宗教團體高臺教、和好教組成「國際宗教集團」奉日本天皇為最高領袖，日本人又利用「大東亞共榮圈」扶植親日組織「大越黨」、「青年黨」等，散播「團結黃種人，驅逐西洋人」，倡議「日越親善，歡迎日本人解放越南」等口號，騙取越南人的信任。

1944 年當美英盟軍攻入巴黎後，受納粹黨影響的法國維琪政府潰散。日本有鑑於此，在 1945 年 3 月 9 日發動「三九政變」，推翻法國在印度支那政權，日本大使在順化覲見保大帝，以「亞洲歸亞洲人」為藉口，扶植保大為皇帝。在日本安排下，旅居國外的陳重金被委任回越南擔任首相，朝廷召開會議發布越南《獨立宣言》，隨即加入以日本為首的「大東亞共榮圈」，與日本政府合作。

二、共產主義的發展

1945 年初由於自然災害和日本軍隊強徵糧食，紅河三角洲發生嚴重的饑荒，估計有數十至百萬人死於飢餓。早在 1941 年，胡志明便已對日本的入侵和法人的統治極為不滿，並組織「越南獨立同盟」（越盟），企圖推翻法日殖民統治，越南共產黨更在越北組織游擊隊進行武裝解放戰爭。此時越盟控制了北圻的高平、諒山、太原、宣光、河江等省區，並組成「越南解放軍」進行武裝奪權。1945 年 8 月，日本宣布投降，共產黨開始行動，奪取越南政權。胡志明領導的越盟接收河內政府機關，成立臨時革命政府要求保大帝退位。自日本向盟軍投降後，親日的陳重金政府岌岌可危，在無可奈何下保大帝下詔宣布退位。胡志明在河內巴亭廣場宣讀《獨立宣言》，正式成立「越南民主共和國」。當時在越南南方因直接受法國文化影響，政治文化呈現多元而開放，越盟影響力其實有限，反之，南方高臺教與和好教等政治宗教勢力強大。

值得一提的是，留學法國、受托洛茨基主義影響的謝秋收（西元 1906～1945 年)，回越南後於 1931 年組成及領導「共產主義者同盟」，並參與體制內的西貢議會選舉。1939 年法殖民當局認為共產主義者同盟為非法組織，決定取締及進行鎮壓，謝秋收被逮捕關押在崑崙島，1944 年底獲釋回來又組建「社會主義工人黨」，且被支持者推舉為越南第四國際的領導人，想與胡志明領導的越盟爭奪共產黨領導權。

第二節　南北分裂與再統一

一、戰後南越動盪不安與保大回朝

1945 年 8 月日本投降，胡志明領導的越盟，最初得到美國和中國支持抗日，但日本投降後，隨即向法國宣布獨立，並於 9 月成立越南民主共和國。但在南方，卻處於權力真空狀態，英法盟軍重新奪回越南控制權。當時謝秋收組織及發動抗擊英法侵略軍的「西貢起義」事件，約有兩百名起義者被殺，而謝秋收等領導階層也遭暗殺，越南南方重歸法國的控制。在北圻地區，接收工作由中華民國國軍負責 ， 至 1946 年中國軍隊從越南北部撤回內地，改由法國軍隊接管，法軍發動對越盟戰爭，企圖重新統一全越南。就這樣，法越戰爭正式爆發，當時美國為了防止共產主義擴張，不但停止援助越盟，且強化對法國的政治和經濟上的支持。法國殖民政府重新執政，卻遭到越盟武裝反抗，這場戰爭也被稱為第一次印度支那戰爭。

當時阮朝最後一位皇帝保大帝正流亡香港，由於武裝衝突日趨激烈，法國有鑑於此，為了穩定政局，尋求保大回國組建新政府，以取代共產黨的越南民主共和國。1948 年保大答應成立越南臨時中央政府，但要明確越南和法國的關係以及未來的國家體制。同年保大返回越南，並與法國代表談判，同意在法蘭西聯邦內建立自治政府，史稱《下龍灣協定》。保大為了實現越南國家的統一，繼續與法國談判，終於在 1949 年與法國簽署協議，保大在法蘭西聯邦內建立自治政府，南圻再次併入越南版圖內，也就是說，法國正式結束在越南的殖民統治。同年決定以西貢為首都，保大希望獲得「皇帝」稱號，但是當越南國臨時政府成立時，只授予保大「國長」稱號。不過這個越南國政權得到英美法等國以及聯合國的承認。而胡志明建立的越南民主共和國則獲得蘇聯和 1949 年才成立的中華人民共和國的承認。

保大政權只是靠法國保護來統治越南，基本上是一個傀儡政府，保大的越南國民軍與法軍一起圍剿共產黨。當時西方國家對共產黨在中南半島的擴張恐懼不安，加強清剿共產黨是唯一的目標。1950 年法國和美國簽訂《共同防禦協定》，法軍獲得美軍提供大批武器裝備，而越南共產黨則從中共和蘇聯獲得大批軍事援助。因此雙方代表著兩大集團的對抗，越南戰爭進入國際化階段。在共產中國的軍事顧問協助下，1954 年奠邊府戰役法國戰敗，被迫與越盟在日內瓦談判，會議達成協議法國放棄越南，並以北緯十七度線為南北分界，北越為共產的越南民主共和國，而南越為保大的越南國。

二、南北戰爭與統一

法國撤出越南，將權力移交給保大，但保大需要美國的支持才能撐起他的越南國，因而邀請流亡美國的吳廷琰（西元 1901～1963 年）回國組閣。吳廷琰是天主教徒，曾是成泰帝的舊官僚，早在日本支持保大宣布越南獨立時委任他為首相，卻被他拒絕。日本投降後，吳廷琰一度被越盟拘捕，流放邊境，其後逃回南方。1950 年，由於吳廷琰是鼓吹共產主義和殖民主義以外的第三力量，越盟判其死刑，哥哥被殺害，最後他出走美國。在美國，他認為美國領導的自由世界可拯救越南，因而甚得美國人的支持。保大考慮到美國因素，決定邀請他回國擔任內閣首相。

由於日內瓦會議議定以十七度線為界，使越南一分為二，原計畫 1956 年進行全國選舉重新統一國家。可是吳廷琰出任首相之後，拒絕承認越盟在北方的統治。在南方人民指責保大喪失北方，對其統治極為不滿，1955 年首相吳廷琰透過公民投票取代保大帝，建立越南共和國。保大帝流亡法國，法國則全面撤出越南。與此同時越南南方民族解放陣線（越共）成立，號召推翻越南共和國，以鄉村為革命根據地，從事顛覆活動，其背後由北方越盟政府全力支持。1959 年美國開始以軍事介入南越，從事清剿越共的活動，及至 1975 年，被視為第二次印度支那戰爭。

當越南共和國成立後，政局一直不穩定，吳廷琰是天主教徒，因偏坦天主教政策，引起佛教徒的不滿，佛教徒和政府發生一連串衝突，如槍擊、自焚時有發生。終於引起 1963 年南越發生軍事政變，吳廷琰遭槍殺，政局陷入混亂。1964 年美國海軍闖入東京灣，受到北越海軍襲擊，史稱東京灣事件。美國對北越採取大規模轟炸，越戰全面升級。南越政治遭遇幾次政變，至 1965 年阮文紹上臺才緩和下來。1967 年南越頒布新憲法，規定總統民選，阮文紹（西元 1923～2001 年）當選總統，阮高祺（西元 1930～2011 年）任副總統。

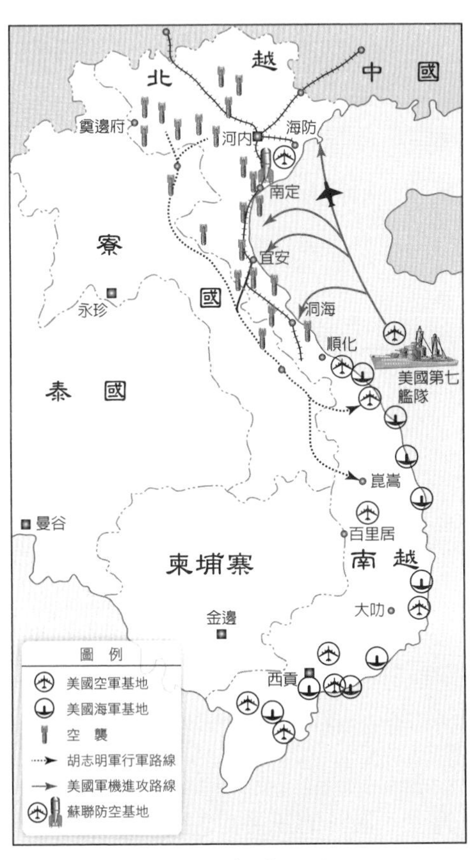

圖 33：越戰經過

自美國介入越南戰爭至 1967 年，參戰人數幾達五十萬。1968 年農曆春節，北越發動攻勢，雙方死傷慘重。戰爭慘狀引起美國輿論譁然，反越戰運動持續高漲，1968 年美國表示將逐步撤出越南戰場。1969 年美國總統尼克森（西元 1913～1994 年）上臺，宣布推行越戰「越南化」政策，讓美軍逐步撤出越南。1971 年阮文紹再度當選南越總統，南北戰爭仍然繼續，而和平談判已經展開。1973 年《巴黎和平協約》簽署，美軍全部撤出南越，越戰成為南北政權的對決。1975 年越共攻占西貢，越南共和國滅亡，越共建立臨時革命政府，並改西貢為胡志明市。1976 年越南民主共和國（北越）與越南南方共和國臨時革命政府合併，越南重新統一，改稱為越南社會主義共和國。

第三節　越南統一後軍事、政經與文化發展

一、越南統一後與周邊國家的戰爭

越南人都知道法屬印度支那聯邦是以西貢為中心，包括越南、柬埔寨和寮國在內的聯邦政體。越南共產黨在統一越南後亦想仿效法國建構一個以越南河內為中心的印度支那聯邦國家，即把法屬印度支那聯邦所屬三國領土統一起來。早在 1939 年，越南共產黨主導下的印度支那共產黨，提出了建立「印度支那民主共和國聯邦政府」的構想。當時的主要目的是使三國聯合起來，打倒法國殖民統治者。

1951 年由胡志明領導的印度支那共產黨一分為三，改稱為越南勞動黨、寮國人民黨、高棉人民革命黨，其實越南勞動黨仍然主導寮國和高棉兩個共產黨。

在抗美戰爭中，北越以援助和保衛寮國的名義，派軍進入寮國。戰爭結束後，越南軍隊卻不撤兵，反而增兵寮國，並於 1977 年與寮國簽訂《友好合作條約》，以軍事控制寮國，實行地區霸權的野心。早在 1975 年，越南政府重新提出建立「印度支那聯邦」，並擴大版圖範圍與蘇聯共同瓜分全世界。然而越共向柬埔寨的擴張被紅色高棉拒絕。紅色高棉又稱赤柬，曾一度獲得中國共產黨的支持，1975 年推翻親美國的朗諾政權，建立一黨專政的「民主柬埔寨」獨裁政府，又仿效毛澤東（西元 1893～1976 年）全面實行人民公社，下令屠殺不同政見者，約超過一百萬人遇害，赤柬行為引起國際社會的譴責。

1975 年赤柬竟派軍入侵越南的富國島，結果被越南軍隊驅離，此後兩國經常發生邊境衝突。1978 年由於赤柬大量屠殺越南僑民，越南在蘇聯的支持下以此為藉口，大軍攻入柬埔寨，很快占領大部分柬埔寨地區。1979 年，在越南支持下金邊成立「柬埔寨救國民族團結陣線」，以親越的韓桑林（西元 1934～年）為中央委員會主席，洪森（西元 1952～年）為副主席，實質是越南的傀儡政權，越南向建立印度支那聯邦邁進了一大步。就這樣，越南先後占領了寮國和柬埔寨，越南在柬埔寨駐軍十五萬，在寮國駐軍五萬，成為美蘇以外第三位駐軍外國最多的國家。

在中南半島的國際形勢，使中國共產黨坐立不安，認為越南在蘇聯的支持下向四周擴張。與此同時越南與中國的關係越來越惡化，兩國原本兄弟般的共產政權竟反目成仇。一方面自越南統一後，實行私人企業收歸國有，在南方不少華僑、華裔的財產被沒收，又受到政治壓迫、逮捕和殺害，很多人放棄財產和家人投奔怒海，乘船逃亡，這些越南難民大都是華裔人士為主。由於在越南排華事件頻生，華人正常生活受到嚴重影響，導致大批華僑離開越南返回中國。

另一方面越南與中國對於南海主權問題爭議喋喋不休，更糟糕的是越中邊界衝突日益加劇，邊防軍甚至互相開火。這都是雙方關係惡化所引起的衝突，最重要的是中國認為越南忘恩負義，且有意占領寮國和柬埔寨，意欲建構以河內為中心的「印度支那聯邦」國家，這對中國南邊構成嚴重的威脅。因此在 1979 年，中國便發動對越南的所謂 「中越邊境自衛還擊作戰」，而越南則稱「反中國擴張主義戰爭」。戰爭開打後，中共軍隊一舉占據諒山，直迫河內，中共認為已達到教訓越南的目的，宣布取得階段性勝利，便從越南撤軍。雙方戰鬥約一個月，傷亡慘重，因為戰場在越南國土上，傷害更大，破壞更為強烈。自 1979 年越中戰爭後，越南和中國在邊境發生無數次衝突，至蘇聯解體，兩國關係才正常化。

與此同時，流亡中國而得中共全力支持的柬埔寨親王施亞努（西元 1922～2012 年），於 1979 年成立 「高棉民族主義者聯盟」，組成「高棉民族主義軍」反對越南入侵柬埔寨。當時赤柬政權已經瓦解 ， 其勢力逃亡叢林地區躲藏 ， 改由喬森潘 （西元

1931～？年）領導及組織「愛國民主民族大團結陣線」，當時喬森潘願與施亞努親王和宋雙（西元 1911～2000 年）的「高棉人民解放全國陣線」共同合作，在東協（東盟）國家的協助下，終於在 1982 年成立「民主柬埔寨聯合政府」反抗越南入侵。當時民主柬埔寨聯合政府在美國、中國和東協國家的支持下，取得柬埔寨在聯合國的合法代表。東協國家認為只有依靠施亞努親王的號召力和喬森潘的軍事力量，才能抗拒越南的軍事擴張。

當時越南在蘇聯的支持下，有意往周邊繼續用兵，1983 年一度攻入泰國境內，與泰軍激戰。民柬軍在泰柬邊境採取游擊戰略，成為對抗越南的主力，守住泰柬邊境。至 1985 年雙方時有戰鬥，其時韓桑林政權與越軍約有二十六萬人，民柬三方武裝力量約有八萬人。1986 年夏天，越共中央總書記黎筍（西元 1907～1986 年）逝世，形勢開始轉變。原因是越中戰爭和越柬戰爭拖垮了越南經濟，軍費開支占國家財政的一半以上，越南已經無力國內的經濟建設。1988 年蘇聯經濟崩潰，停止對越南支助，1989 年越南宣布從柬埔寨全面撤軍，中南半島進入和平時代。

二、統一後經濟重建與改革開放的發展

1975 年統一後，北越勞動黨與南越的越南南方民族解放陣線（越共）合併為越南共產黨，全國實行社會主義制度，國號為越南社會主義共和國，而國歌、國旗和國徽還是沿用北越原來版本，其實國家政權仍然由北越把持。統一後將西貢市改為胡志明市以紀念他們的偉大領袖。胡志明於 1969 年在河內逝世，他沒有親眼

看見越南再次統一。

1977 年，越南共產黨確立了親蘇政策，與中共轉趨疏離，並進行「經濟國有化」活動，即所謂越南化運動，目的是針對越南華人而設。早在十七世紀，華人已在越南各地默默耕耘，有了一些經濟地位，且已落地生根，入籍為越南人，當然也有新來華人仍以華僑自居。在政策推動下，所有外資和私營企業都收歸國有，其中絕大多數是華人華僑的企業，又下令關閉華人社團、華人學校、華文報紙等等，華人必須入越南籍，否則便要離境。當時在中越邊境的華僑超過二十萬被迫回去中國，其實早在南方被共產黨解放之際，便有十多萬難民離開越南，其中包括許多華人。

另一方面對於南方受資本主義影響的人民，進行「社會主義改造」，當時南方建構了一些「新經濟區」和「再教育營」，目的是將曾經服務越南共和國的公務員和軍人送往「新經濟區」或「再教育營」進行勞改教育，實施集體勞動，養成良好的勞動習慣。關在這裡的數十萬人，沒有足夠的糧食和醫療，白天勞動，晚上思想教育，因此身心大受折磨。而越南共產黨認為經過這樣的教育，才能重新融入社會主義新生活。關在這裡的人好幾年都不得回家，因而引致人民更大的恐懼，超過三十萬難民乘坐機動小船逃亡海外如香港、泰國、新加坡等地，這些船民之中，一半以上是華裔人士。

這種經濟政策嚴重打擊了越南的經濟結構，經濟成長率下降，失業率增加，引致糧食不足及通貨膨脹的問題。統一後國家進行工業集體化和經濟社會化，不但沒有成功，反而製造了更多經濟發展障礙，例如官僚包庇和貪污問題層出不窮。這段時間，越南又遇上大旱與洪荒，本是糧倉的湄公河三角洲，竟然發生饑荒。這種現象除了國內的政策因素外，當然與越中戰爭和越柬戰爭有著密不可分割的關係，軍事的開銷拖垮了越南的經濟。特別是越南入侵柬埔寨，聯合國決定對越南實施經濟制裁，國際貿易雪上加霜，只能依靠蘇聯集團的支持，然而蘇聯本身也面對經濟危機，沒幾年後蘇聯便瓦解。

1986 年越南共產黨不得不進行革新開放。早在 1981 年越南政府就開始允許個人或家庭向政府承租土地從事農業生產活動，又承認私營企業存在，1985 年開始逐步走向市場經濟，幾乎與中共 1979 年的改革開放政策類似。到了 1988 年，蘇聯經濟惡化，停止對越援助，越南通貨膨脹竟達 1000%，缺糧情況時有發生，為了確保農民的自主權益及生產方式，越南政府承認個體經濟合法化。此時，越南宣布從柬埔寨逐步撤軍，至 1989 年越南軍隊全面撤出柬埔寨，這時候，越南政府才全面進行經濟改革。

1990 年越南實施由國家主導的自由市場經濟政策，鼓勵民營企業以及吸引外國投資者，特別在越南南方從前眾多的企業家和商人、技術人才以及越南僑民回國投資等等，都有機會發揮所能，透過市場經濟走上富足的道路。而外國投資更見踴躍，截至 2015 年以韓國為第一位，日本第二位，新加坡第三，中華民國排第四。我國在越南的投資案共二千四百七十五件，金額高達三百多億美元。可見越南這個新興市場，大受外來投資者歡迎。一方面政府政策具有吸引力，而總人口超過九千萬，人民勤奮，識字率高達

90% 以上。經過二十多年的經濟改革，越南繼印尼、馬來西亞、泰國、菲律賓後，成為亞洲經濟第五隻老虎。

越南在經濟革新方面，進行了大膽的改革，如國人除了沒有土地所有權外，可擁有使用權、轉讓權和繼承權等，又在開發區實行優惠稅率吸引投資者。在革新開放的同時，政治制度相應進行改革，如國會代表選舉規定：進行差額選舉，允許公民自薦參選，國會代表候選人必須經過本單位和當地居民 50% 以上的民意支持才能成為候選人；承認新聞監督的功能，認為媒體對國家發展有重大意義，可促進國家整體進步，提高政府透明度，增加社會的民主氣氛；為了改善官僚系統的風氣，又推出《反腐敗法》和《反浪費法》，並加入聯合國的《反腐公約》，成立一個專門反腐委員會，由越南總理直接負責，這樣的改革力度為人民所信賴和稱讚。

越南一連串的經濟革新與政治改革，得到國際社會的認同，1995 年美國恢復與越南的外交關係，此舉讓越南重新與世界各國連結，與大多數國家建立外交關係，並與一百五十多個國家有貿易往來，且於 2007 年加入世界貿易組織 (WTO) 成為會員。經過二十多年的革新，越南已脫離貧窮落後的經濟，社會各方面的設施大有改善，正走向現代化國家的行列。

2011 年越南共產黨召開第十一次全國代表大會，確定往後十年的「越南經濟社會發展戰略」，建設越南成為一個「民富、國強、民主、公平、文明」的社會主義國家。越南戰後經歷反法、反美的南北戰爭，又引起越中戰爭和越柬戰爭，至 1985 年才致力於改革開放，國家經濟開始活躍起來，政治改革使得政局變得較為穩定，越南現正邁向國家富強的道路。

三、僑居國外的越南人及其影響

越南在二次大戰前因為是法國殖民地，所以移居法國的人數不少。二次大戰之後因為國內戰爭不斷、陷入紛亂的關係，導致越南人移居海外的人數更多。這些生活在越南以外的國家或地區，具有越南血統的當地居民，我們稱為越僑或稱海外越南人，目前海外越南人人數大約有三百五十萬，其中約三十萬人是在 1975 年西貢陷落之前移居海外的越南人，主要前往國家為鄰國的柬埔寨、寮國和泰國等，以及西方國家如美國和法國。1975 年越南南北統一後，又有為數約三十萬人離開越南，移居別國，尤其是原先住在南越的人民，特別是華裔越南人，不甘受共產黨的統治而坐船逃亡，也有北越人民因生活艱苦而坐船離開，成為所謂「越南船民」問題，成千上萬的越南難民坐船離開越南。東南亞國家如泰國、馬來西亞、印尼、菲律賓和新加坡等，公開拒絕難民登岸，甚至將難民船拖出公海，讓其自生自滅。

而香港是英國殖民地，英國人以人道理由宣布香港為第一收容港，即從越南船民出海後直航香港海域，香港政府必須以「難民」身分安置他們，等待移民到其他西方國家。這種「來者不拒」政策，使越南船民蜂擁而來，當時香港總共接收了高達二十三萬多的越南船民。香港成為越南船民尋求國外庇護的中轉站，大概在 1997 年香港回歸中國大陸前 ， 約有十五萬人先後獲得外國收容，但也有約六萬人被遣返回越南，其餘一千多人留在香港獲准居留。

㈠海外越南人的分布

散居世界各地的越南人，大致上可以分為四種類型。第一類、1975 年以前就已移居越南以外國家的越南人。他們大多居住在越南的鄰國，如柬埔寨、寮國、中國等。這些海外越南人通常不被越南本國人視為「越僑」，在法屬時期，也有很多越南人移居法國或其他法語地區，如魁北克等。第二類、1975 年西貢陷落以後移居海外的越南人及其後裔。他們占據了海外越南人人數中的很大部分，其大多居住在工業化國家和地區，如北美、西歐、澳大利亞等地。第三類海外越南人，主要是曾在東歐或前蘇聯國家留學或工作的越南人，蘇聯解體後他們選擇留在當地。第四類海外越南人，主要是二十世紀八〇年代以後的經濟移民，他們大多居住在臺灣、日本、韓國等地。他們當中也包括了通過婚姻中介嫁到臺灣、中國和韓國的越南女性。

根據資料顯示，移居海外的越僑，人數最多是在美國。2000 年人口統計美國境內約有一百二十萬越南裔人，占越僑總數的三分之一以上。他們大多數居住在美國西部的大城市，如加利福尼亞州和德克薩斯州，其中加州的奧蘭治、聖何塞，以及德州的休士頓等城市的人口較為集中。他們主要是 1975 年西貢陷落後，為逃避北越統治而離開越南，不認同越南共產黨的統治。但近年來隨著越南革新開放，他們的態度漸漸有所改變。到了 2010 年，在美國的越裔人口增加至一百七十多萬人。由於在美國的越南人有群聚習慣，因此各地出現所謂「小西貢」，泛指越南人族群集中聚居在所在國的某一區，類似中國僑民的唐人街。最有名的是加州西敏寺市的越南人聚居區，第二大是德州休士頓以小西貢為名的越南人群聚區，在加州舊金山亦有一個小西貢，全美其他地區還有許多規模較小的小西貢。

第二多是越南裔柬埔寨人，越南人（京族）曾經是柬埔寨人數最多的少數民族，他們主要在 1975 年越南干預柬埔寨政治時移居過去。據不同的統計，該國境內曾經有高達六十萬名越僑留居，其中有二十萬人左右已移居他國。1986 年有學者估計仍有多達二十至三十萬越南人留在柬埔寨，但政府統計約六萬人，也許很多越南人已融入柬埔寨社會中而不復分辨。歷史上越南人與高棉人間經常產生衝突，越南在不斷往南開疆拓土過程中，不僅完全吞併原有的占婆國，而且占領了原屬於柬埔寨東部湄公河三角洲地區。1975 年後曾經干預柬埔寨內政，並派兵進駐，因此柬埔寨政府對境內的越南人有所限制，以防其勢力擴大而威脅到柬埔寨的國家安全和獨立。

排名第三的國家是法國，由於法國曾在越南殖民統治，在二十世紀初便有越南人開始移居法國，但人數並不多，主要移民潮還是在 1975 年越戰結束後發生。但是法國越南人很少有集中成越南人聚居區，他們混居在巴黎唐人街附近，況且一些來自南部的越南人具有華裔血統，很快融入唐人街的社會中。另一原因可能是越南人曾有過被法國殖民的經歷，他們對法國文化、歷史和語言已有所了解，比較容易融入法國社會中。第一代在法國的越南僑民，由於與越南保持著緊密的聯繫，仍繼續堅持傳統的價值觀，第二代生於法國的越南裔人則更認同法國文化，主要由於他們大部分都已不會說或聽不懂越南語。移民的融合程度讓大多數法國人對越南移民的評價比對其他國家的移民更好，這部分是因為其高度融入法國社會，以及經濟和文化素質方面的優勢，相對的他們在法國的社會地位比較好。目前多數越南裔法國人生活在巴黎及其周邊地區，但也已有相當多的越南裔移居到法國東南部的大城市生活，如馬賽和里昂。2006 年，越南裔法國人的人口據估計約有二十五萬人，2018 年旅法越南人數約有三十萬。

除法國之外，澳大利亞也是越僑主要的移居地，目前越南裔澳洲人是澳大利亞的第七大民族，越南語也是該國第六大最常被使用的語言。他們在收入和社會地位上雖存在較大的差異，但有些越南裔澳洲人從事白領工作，生活在上層社會，而且在澳大利亞出生的越南裔接受高等教育的比例高於平均水平。據 2006 年的統計，越南裔澳洲人人數約十六～三十萬間，四分之三以上的越南人居住在新南威爾斯州和維多利亞州，他們大多數也是越南戰爭結束以後來到澳大利亞的。

加拿大也接收不少越南移民，越南戰爭結束後，1975 年到 1976 年間加拿大接收了五千多名越南船民。越南船民是指在越南統一後為了逃離共產政權統治而乘船離開的難民。這些越南船民大多先前往香港（也造成日後大量越南船民湧入香港），再由西方國家「甄別」難民資格，被甄別為政治難民者，便有機會前往第三國，而經濟難民則會被遣返回越南。在民眾呼籲加快接收越南船民下，加拿大政府決定加收船民，到了 1985 年共有十一萬越南船民抵達加拿大，當時加拿大政府是收容最多越南難民的國家。根據 2001 年的調查，加拿大境內有十五萬名越南裔居民，其中安大略省有六千多人，魁北克省有三萬人左右，阿爾伯塔省有二萬人。加拿大的越南裔人與在美國的有很多相似點，形成越南人的聚居區。到了 2006 年，約有為數十八～二十五萬越南裔人居住在加拿大。

在德國，越南人是最大的亞裔族群。在德國西部大多數越南人於 1960 年代或 1970 年代以越戰難民的身分來到西德。另外還有大型的越南人社區主要源於德意志民主共和國與北越政府的互助協定，根據這些協定，來自越南的工作者被派往東德，他們很快建立了最大的移民群體，並得到技術上的訓練。柏林圍牆倒了之後，越南裔人民很多選擇留在德國，尤其是德國統一之初。根據資料統計到 2010 年，德國境內約有十三萬名越南人。

在東亞地區的越南移民，以臺灣、韓國、日本、中國為主，其中以臺灣人數最多。在臺越南人屬於第四種類的經濟移民居多，雖然其中也包括越戰西貢陷落後的難民，但以前往臺灣工作或是與臺灣人結婚並移居臺灣的越南人為主。在越南勞工部分，2015 年在臺灣的外籍人士（不含大陸人士）共計七十七萬五千人，八成半來自東南亞國家，持居留簽證者約六十九萬人，大都是外籍勞工。其中印尼籍占四成、越南籍占三成左右、菲律賓籍占二成。另外，越南籍配偶部分成為新移民也不少，據 2017 年統計與我國人結婚登記的東南亞配偶總計有八千多人，其中越南籍有六千人。這些越南籍新娘及其第二代和二十多萬海外移工都會回越南探親，加深了臺灣與越南的國民外交，以及文化和經濟上的交流。

在中國邊區自古就有越南民族生活，同朝鮮族一樣，他們被認為是屬於中國的少數民族——京族。中國境內京族祖先是從十六世紀初開始陸續從越南北部的諒山等地遷徙而來的，主要分布在廣西江平鎮的巫頭、澫尾（萬尾）、山心三個海島，俗稱「京族三島」，基本上能夠通用粵語和漢字。據統計，京族人口有二萬多人，但不包括在中國工作和留學的越南人。越南人移民香港始於1975 年越戰結束後，當時越南船民們投奔怒海，從越南各地逃離出國，香港收容了約二十三萬越南船民，約有十五萬人移居外國，幾萬人被遣返，只有一千多人獲准居留香港。

在韓國的越南人，可以追溯到西元 1400 年左右，當時有數千名越南李朝遺民跟隨李氏皇族李龍祥（西元 1174～？年）來到朝鮮半島，他們的後裔如今已經大部分融入朝鮮民族中，分布在北韓和南韓，著名的有花山李氏、旌善李氏。據報導，1958 年韓國總統李承晚（西元 1875～1965 年）訪問南越時稱自己是李龍祥後裔。這些越南人的居住設施，如寺廟、祠堂等至今仍保留著越南性格。目前越南人移居到韓國的原因，主要是越南勞工或是通過婚姻中介而嫁到當地的越南女性。據 2011 年資料，約有十二萬名越南人移居韓國。在日本，二十世紀初開始就有越南留學生來日本留學，據 2004 年的統計約有二萬多名越南人留居在日本境內。其中大多是越戰時的難民，以及少量來日工作的勞工。

㈡海外越南人與越南的關係

海外越南人與越南本國的關係通常表現為兩極分化的情況，

主要是親善和敵對的兩種。總的來說，居住在北美、西歐和澳大利亞的越南人（他們占據海外越南人口極高的比例）多對現今越南共產黨政府較為反感，持敵對態度。而居住在中歐、東歐的越南人多對越南共產黨政府表現的較為親善，他們大多數曾被派到前社會主義國家參加培訓。例如，2005 年越南總理潘文啟（西元 1933～2018 年）訪問華盛頓哥倫比亞特區時曾遭遇幾百名越南裔美國人的抗議，而此地距離最大的越南裔聚居地很遠。這是自 1975 年移民海外的越南人對現在越南政府的態度。不過近年來這種關係逐漸有改善的趨勢，前越南共和國總理阮高祺曾於 2004 年回到越南，顯示他已放棄敵對現今越南政府的態度，而知名的流亡藝術家也開始回流越南，並得以舉辦活動，廣為人知的例子是，作曲家范維（Phạm Duy，西元 1921～2013 年）自 1975 年後一直生活在美國加州，2005 年才回到胡志明市省親，並在此度過餘生。越南政府對那些 1975 年後離開越南的人較少採取敵對態度，根據越南政府的統計數據，1987 年有八千名海外越南人歸國探訪，2004 年有四萬多人回國探親或旅遊。這些海外越南人成為所在國與越南的民間橋樑，有助於越南的文化與經濟交流。

隨著越南政府進行革新開放，也較為積極的歡迎海外越南裔人回國，希望他們可以帶更多的資金和先進技術回到越南。越南政府對海外越南人的看法從「卑怯的叛徒」已轉變為「越南人民的重要部分」或「越南民族不可分割的一塊」。越南政府也開始制定多項相關法律，方便海外越南人歸國投資，包括允許他們擁有自己的地產，但仍有部分歸國越僑商人抱怨未得到公平對待。

2007 年越南國家主席阮明哲（西元 1942～？年）訪問美國，其中行程包括訪問加州橘郡小西貢社區　（越南海外最大的越僑聚居區），在其訪問期間仍有數千人在華盛頓和奧蘭治舉行抗議活動。

不過越南政府繼續改善歸僑待遇，2010 年越南政府認為目前在海外約有 350 萬海外越南人，其中仍有 70% 持越南國籍，因此允許持雙重國籍的海外越南人科學家、文化工作者及擁有特別技能的人回國置產和生活。據估計，2011 年海外歸僑對越南經濟的貢獻就高達六十億美元。海外越南人具備現代知識，並長期生活在已開發國家，這是一種資源，因此越南政府引進具備知識和經驗的海外越南人回國參與國家工業化、現代化事業。現時每年約有三百人次的海外越裔專家學者回國服務，為越南國家機關以及基礎科學教育領域和研究機構開展工作。2013 年，越南國家主席張晉創（西元 1949～年）訪問美國，他會見旅居美國越南人協會代表時，強調越南將繼續實行革新開放，主動、積極融入國際社會，為加強越美兩國關係以及增進旅居美國越南人團結創造機會。這些措施及言行，對海外越南人來說具有吸引力，他們重拾回國投資的信心或協助國家發展的希望。

越南統一之後，有一些越南女性以結婚為由，獲准移居外國，這些女性當中多數移居臺灣、南韓和中國大陸，成為所謂的越南新娘，形成一批新的特殊海外越南人。無論移民的理由為何，這些移居海外的越南人都會回饋自己的家鄉，形成一股不容忽視的經濟力量，也成為各國政府與越南聯繫的橋樑，對越南在國際關係上產生越來越多的影響力。還有，越南勞工的輸出也是一股不容忽視的力量，這些移工多是前往已開發地區從事工業生產的勞工服務，如臺灣和南韓等地。他們等待合約期滿或工資儲蓄有一定的成果後，最終回到越南，也會把先進地區的生活制度帶回越南，間接促使越南加速現代化。

四、越南現代的影視音樂文化

自越南走上革新開放以來，新事物如潮水般湧入，這個新興經濟體越來越值得我們關注，他們的總人口約為九千五百萬（西元 2013 年），其中二十四歲以下占 44%，二十五至五十四歲佔 44%，也就是說五十歲以下的人口數約占八成。這是一個年輕而勞動力極為充沛的國家，另一方面人民勤奮向上，識字率高，具有傳統儒家思想氛圍的讀書氣氛，這樣的國家在東南亞國家中具有強大的競爭力。歷史上越南深受中國、占婆和高棉文化的衝擊，因此越南文化的元素具有多元性，而北部山區具有五十多個少數民族族群，豐富了越南的文化風貌。隨著大航海時代來到越南，西方文化為越南注入了新一波的文化元素，特別是十九世紀中葉後，越南成為法國殖民地，以及二戰後越美戰爭的衝擊，這些外來因素對其自身文化的融洽，產生極大的影響。外來文化輸入的過程中也逐漸會本土化，創作出具有越南文化特色的影視音樂文化。隨著越南近年的革新開放，即導入市場經濟和對外開放政策，改變了越南長期的對外封閉政策，令越南向世界開放，不單提高國內人民生活水平，改善國際形象，且使越南進入了經濟高速發展及現代化的階段，影響所及傳統的演藝音樂與相關藝文活動，逐漸從模仿外國的學習者走向自我意識抬頭的越南特色文化，越南現代文化生活越來越不一樣。以下我們以影視音樂文化來觀察越南人民的變化。

㈠越南影視文化

1895 年世界第一部電影在法國誕生後，法人隨即將電影引入越南，除了展示法國的現代化影音事業外，也為了占有越南電影市場。當時法國百代公司負責越南電影的發行外，也從事電影製作，1924 年百代公司邀請法國電影發明人盧米埃爾兄弟 (The Lumière brothers) 拍攝一部越南家傳戶曉的《金雲翹傳》，這是黎末阮初文學家阮攸（西元 1766～1820 年）用喃字書寫的小說，甚受老百姓的歡迎，成為民間文學的奇葩，被文學界評為「安南四大奇書」之一。阮攸《金雲翹傳》是仿中國明末清初作家青心才人章回小說《金雲翹》而作，但阮攸運用六八體和喃字寫成三千多行敘事詩，用以批評社會現象，傳唱一時，越南人稱其為《傳翹》或《斷腸新聲》，感動千萬群眾。法國人將《金雲翹傳》拍成電影，對越南本土電影發展極有幫助，因為這是一部用電影製作的傳統民間文化故事片，對越南人既新鮮又好奇，且強化了傳統文化的傳播。三年後，越南已經擁有三十多家電影院，本土製作的電影也有相當的市場規模，在西貢（胡志明市）生活的百姓，電影已成為現代生活的要素之一。1937 年越南電影製作人譚光天與中國南方電影公司合作在香港拍攝了第一部有聲電影《魔鬼的田野》，其後越南也出現由越南本地製作的有聲電影，如《愛之真諦》和《勝利之歌》等作品。殖民地時期所製作的越南本土電影，當然無法與法國或美國電影片競爭，但仍有一定的市場，至 1940 年後在日本治理下，越南電影製作才處於停頓狀態。

第二次大戰後，又因爆發印度支那戰爭，至 1954 年奠邊府戰役，越南共產黨才徹底將法國殖民者打敗，當時越南為慶祝此歷史性一刻，製作了《奠邊府大捷》影片，用以歌頌共產黨的愛國戰爭。接下來是南北分裂，戰爭繼續開打，只是由法軍轉換為美軍，電影事業只能在戰火中繼續發展。當時北部的電影在共產黨統治下，有很強烈的愛國主義宣傳味道。在南方的越南共和國（南越）因為抵抗共產黨，成為自由世界一員，得國際盟友支持，其中最重要是美國，從 1955～1960 年間，美國對南越投入十億美元援助建立美式軍隊，並承諾協助南越的繁榮和安定，及至 1961 年美國參與越南戰爭，美式文化長驅直入南越，西貢成為美國大兵的休閒活動場所，燈紅酒綠，娛樂表演成為時尚，表演的歌手或演員有南越人和美國人，在這場生死存亡的戰爭遊戲中，西貢演藝事業得以更大發展，讓人們忘記戰爭的苦痛。

在美國支持下，南越成立越南電視臺用以抵消越南南方民族解放陣線的電臺宣傳，這也是越南本土電視臺節目製作的開始，當南北戰爭期間，影視活動都具有戰爭色彩，藝術作品自然不多。自 1973 年美軍逐步從越南撤軍，二年後越共攻陷西貢，當時越南電視臺以「血淚之路」轉播軍民撤退過程，使南方人民處於極度恐慌之中，這些震撼畫面，衝擊當地人民的恐懼，也發揮了電視的影音效果。其後該電視臺由越南勞動黨占用，改稱西貢解放電視臺，後又改名為胡志明市電視臺。此時的電視製作主要是為黨意服務，而全國統一後共產政府對影視媒體的控制更趨嚴厲。在北方，共產政府是利用電影來宣傳政治理念。如從 1970～1975 年，在北越舉辦的四屆電影節中，越南紀錄片共獲得了三十五個金荷花獎和三十九個銀荷花獎。有些紀錄片如《上前線》、《街巷戰》曾獲得莫斯科國際電影節和德國萊比錫國際電影節的獎項。這都是革新開放前的發展，演藝事業並不是自由創作的產物，在南方稍微因美國關係比較寬鬆些，外國電影也多。但是無論南越或北越演藝事業都是為政府服務，演藝事業被視為政府統治的工具和手段。

1975～1986 年，越南國內比較和平穩定，電影事業建設難得有發展的環境，而故事為題材的電影開始出現，也就是說製作已走向多元化，從生活不同層面關注越南社會現實生活。特別是 1986 年越南推動革新開放政策，在經濟上和思想上的改革開放，使越南影視產業政策轉向市場競爭。隨著商業影視節目流行，特別是錄影帶的蓬勃發展，把多數觀眾從電影院搶走，河內電影院一度只剩下九家。當時的錄影帶多數在胡志明市生產，提供家庭娛樂，以追逐市場利潤為目的，在製作品質上顯得粗製濫造，充斥著感官刺激，還有很多錄影帶是來自中國大陸及香港、臺灣，以及自韓、泰、美、日等國家走私入境。由政府控制的影視單位則走向窮途末路，原因是電影製作成本高，且人民思想因革新開放擺脫了政府控制的模式，導致國家影視產量及收視率大幅度下滑。例如 1993 年，越南故事片產量只有五部，但是錄影帶產量卻多達九十多部。政府有見及此，全力輔助越南電影轉型，開拓國際交流，強調本土意識和國際視野，並與時代氣息相結合，將電影從過去偏重政治宣傳，轉向反映社會真實生活，強化娛樂性和藝術性。這一政策使當時越南電影開始出現不同藝術派系，電影拍攝技術大大提高，並向世界主流電影靠攏，呈現越南電影的現代化氣息。

這段時間法國或美國流行拍攝以越南為題材的電影，對越南電影藝術有積極意義，如早在 1982 年上映的越戰動作片《第一滴血》，內容講述美國一名大兵藍波從越戰退伍回來，回憶起戰爭的事蹟，在戰場上他是一名勇敢的美國大兵，被視為英雄人物，回國後戰爭的創傷卻無法復原。這部電影對美國參與越南戰爭提出控訴，及指責美國社會對愛國戰士痛苦視而不見。其後，幾部以越戰為題材的電影加速了人們對越南戰爭的關注。又如 1992 年法國電影《印度支那》是以二十世紀三〇年代法屬殖民地為背景，取材於越南風景優美名勝來描述浪漫的愛情故事，使越南名勝與浪漫情懷躍上世界電影舞臺。這些電影雖不是越南人的製作，但以越南為主題的故事片成為一時主流。雖然歐美電影以越南為題材流行一時，但對越南電影製作實質影響有限。不過越南電影在二十世紀九〇年代開始受到國際矚目，最初是由法籍越裔導演陳英雄（Tran Anh Hung，西元 1962～年）拍攝的《青木瓜的滋味》成功在坎城國際電影節上一鳴驚人的越南故事片。這次得獎鼓舞越南電影的製作，如 1995 年，陳英雄又以《三輪車夫》獲得威尼斯國際電影節的最佳影片金獅獎等等。

海外越裔導演崛起，透過圖像以藝術手法表達對母國文化深情的眷顧。這些越裔導演直接參與越南電影的製作，的確有助於越南本土電影工作者的素質提升，然而成果卻不多見，一些較受歡迎的電影有《牧童》、《穿白絲綢的女人》等。近年電影和電視製作雖然增加，但佳作卻不多，無聊喜劇片充斥市場，電視的連續劇為延續而延續，觀眾漸失去看電影和電視的興趣。原因是商業性影視製作都是陳腔濫調的作品，而從業人員未經正規培訓，因而劇本薄弱，編導、導演和演員素養亦不足，這些都構成近年越南影視製作被批判的理由，況且新媒體出現，更弱化了看電影、電視的興趣和習慣。以越南歷史之悠久、文化之豐富，取材並不困難，但如何在傳統生活中展現出現代生活形態，使觀眾感同身受，這是要經驗累積和學習，循序漸進才有效果。電影與電視製作是一門現代藝術，又與生活息息相關，越南本土影視拍攝手法要現代化，內涵要具有時代意義，才能吸引新時代的觀眾。它需要眾多不同技術和藝術思維的訓練和培育，導演、演員和眾多參與技術工作者的經驗累積，以及文化反思與沉澱，還有資金的投入等等。除了需要經歷一個頗長時間的實驗過程，當然還得加強與國外電影工作者的交流合作，才能提升越南影視製作的技巧。

㈡越南音樂文化

隨著革新開放，生活現代化，以及教育普及，也帶來對傳統音樂的挑戰。據 2016 年的統計，高中畢業文憑已達 94%。公私立大學有一百八十六家左右，差不多九成是公立大學，雖然越南大學水準仍有待提升，但受現代化教育的人民越來越多，且革新開放，外面世界的新事物接踵而來，以年輕人口為主的越南社會，更快的走向與世界接軌。以下我們從傳統音樂發展至現代流行音樂的過程來觀察時代的轉變。

越南傳統音樂長期受中國影響，在音樂形式、樂器、格律等幾乎以中國音樂為藍本。十世紀以前，越南一系列打擊和吹奏樂器，如鼓、鑼、鐐、蘆笙、葫蘆笙、竹琴等已成為日常生活的一部分。脫離中國獨立後，越南勢力從紅河三角洲往南拓展過程中，又吸收了許多來自中南部占婆和高棉的印度教音樂文化精華。當時的音樂，主要是用於宮廷或讚禮時的樂曲。到了十六世紀後期，由於宮廷音樂衰微，上流社會創作出一種小型室內音樂，他們以笛子、月琴等傳統樂器伴奏民間創作的樂曲，這種時尚音樂活動流行於小圈子，即所謂讀書人、貴族或有錢階級，也反映出當時經濟社會的安定繁榮。十七世紀末，由於政治紛爭造成南北分裂，音樂也分成南北兩派，各自發展。南方民間多以巫術音樂為主，北方民間以戲劇音樂為發展要素；北方音樂節奏明快，南方曲調較為婉約。總體而言，越南的音樂以合奏音樂為主，不論是宮廷或戲劇音樂，都以五種以上樂器來伴奏，民間以伴唱為主。至十九世紀中葉，在法國殖民者統治下，越南音樂開始受到歐洲音樂的影響。

越南宮廷十分關注各種管弦樂在編曲上的統一性，這是為了建立越南宮廷音樂的體制，將各種音樂運用於不同的國家體制、宗教活動和社會場合，製作成官方規定的樂章制度。這些越南規定的宮廷和社會樂章並非藝術展現，而是政府的禮儀權威體制，以強化國家的制禮作樂來維護統治者的階級準則、道德規範等典章制度。在宗教與民間音樂方面，則可體現出越南音樂的多元性格。在越南中部省份有祭祀海神的地方神曲，以及對人施咒的音樂。佛教音樂是由絲弦、打擊樂器，以有韻律的曲調來伴唱；而祈禱文則是出家人在吟誦時，不斷敲打著木魚。越南境內的每個地區都有自己的傳統音樂，全國五十四個少數民族，都有不同的樂器，呈現方式非常豐富而多元，有些樂器是世界上獨有的，例如獨弦琴和一種以三十個為一套的鑼。民間音樂通常是由村民自己創作，主要是用來表現鄉間生活的精神，如搖籃曲、勞動歌和愛情歌曲。每一個地區在不同的季節和不同勞動或休閒中，都以不同的歌曲喚起人們的精神生活。如勞動歌是在工作進行時由領唱者用高亢悠長的聲調，引領勞動者一起和唱。最受歡迎的勞動歌是描述順化香河女船工一邊搖船一邊唱歌的情景，歌詞以格律四行詩的傳統吟唱方式，表達河水匆匆流過反映人們對時間與感情迅速消逝的感慨。到了十九世紀，由於受到西方文化的影響，越南開始出現以民歌為基礎的新興歌劇和歐式音樂風格，這也是越南現代音樂萌芽的開始。至二十世紀中後期因戰爭關係北方轉向革命歌曲，交響樂卻成為電影配樂的主旋律，民間興起新一批音樂家，如文高、阮廷詩（西元 1924～2003 年）等創作了許多受歡迎的民謠歌曲，流行於坊間。這種樂曲以傳統的說、吟、呼、唱、俚、歌等六種方式表演，多是男女對唱，表達對愛情、生離死別、友情、遊樂等庶民生活為主題的樂曲，現存的曲調有三百種之多，歌曲高達五百多首。

隨著革新開放三十多年，國家也走上現代化的道路，年輕人們對音樂追求，受到世界流行音樂的影響。傳統音樂也面臨傳承危機，傳統音樂只有在傳統節日大會上，表演娛樂人民，這對年老一輩仍有吸引力。但是越南是年輕人為主的社會，在音樂市場上，年輕人更喜歡流行音樂的時代感。由於影視文化普及和新媒體的傳播無遠弗屆，特別是影視歌者地位提升，以及國際交流日益頻繁，所謂音樂無國界，一切都暢通無阻下，流行音樂乘時而起，成就了新一代的流行音樂人。由於新媒體的出現，網路成為累積人氣舞臺，例如以一首《真實的夢》迅速走紅的女歌手麗娟（Le Quyen，西元 1981 年～），以及越南流行音樂小天王山松 M-TP（Son Tung M-TP，西元 1994 年～）等成為年輕世代的偶像明星。據《越南娛樂報》2016 年的統計，流行樂壇紅遍大街小巷的 MV 點閱率已經突破千萬，在這些膾炙人口的流行音樂中，因為音樂風格輕快活潑而有節奏感，且樂隊在服裝和舞蹈設計上大走民族風，甚受一般民眾歡迎，包括中年觀眾。也就是說，在流行音樂上，越南歌手與樂團已經與世界流行音樂接軌，相信未來會有更多優秀的流行音樂創作出現，且將受到越南民眾以及世界各國人民的喜歡和欣賞。

越南在東南亞國家中，曾經歷過漫長的反殖民戰爭，生活受創傷最為嚴重。1975 年戰爭結束，又經歷一段長達十年的思想掙扎，執政者最終擺脫意識形態的困擾，從事革新開放的政策，人民都珍惜來之不易的和平國度和經濟發展，也順理成章是人民實現個人理想的時刻。這個以年輕人為主的國家，循序漸進地改革，同時維持穩定的政局，人民充滿活力和希望。越南從保守到完全開放、與現代世界接軌，雖然還有一段距離，但是這不妨礙越南的進步，人們期待將來一個既有古老傳統，又具有現代形態的越南出現。

附　錄

大事年表

西　元	越南年號		
前 255	安陽王	3	安陽王築螺城。
前 208		50	趙佗自立為南越武王。
前 111			西漢武帝滅南越國。
40			徵側、徵貳起兵反抗，史稱「二徵起義」。
43			東漢馬援將軍平定交趾、九真、日南三郡、立銅柱。
210			士燮受封左將軍。
468			交州人李長仁自立為刺史。
544	天德	1	李賁自立為南越帝，號萬春國。
602			後李南帝投降隋軍。
679			交州都督府改為安南都護府。
783			安南人姜公輔任同中書門下平章事。
866			高駢任靜海軍節度使。
938	吳王	1	吳權擊敗南漢軍隊於白藤江，隔年自立為王，建立吳朝。
968	丁先皇	1	丁部領掃平群雄，建立丁朝。
981	天福	1	黎桓擊退宋軍後建黎朝，史稱前黎朝。
1009	前黎朝景德	2	李公蘊黃袍加身，開創李朝。
1052	崇興大寶	4	儂智高叛變建立大南國。
1054	龍瑞太平	1	李聖宗即位，建文廟，進行改革。
1075	太寧	4	李常傑率軍攻打宋朝。
1086	廣祐	2	設置翰林院。

1167	政隆寶應	5	遣蘇憲誠出兵攻打占城。
1225	天彰有道	2	李昭皇下嫁陳煚，後禪位陳煚，史稱陳太宗。
1257	元豐	7	蒙古兀良哈台率軍攻打陳朝。
1272	紹隆	15	命翰林院學士黎文休編撰《大越史記》。
1318	大慶	5	派遣陳國瑱征伐占城，制陀兵敗出逃爪哇，占城國滅。
1371	紹慶	2	占城軍隊攻入京城，昇龍城遭劫掠。
1400	建新	3	黎季犛廢陳少帝，改國號為大虞，復原姓為胡季犛。
1407	開大	5	明軍攻陷昇龍，胡季犛父子被擒，胡朝滅亡。
1425			黎利藍山起義。
1428	天慶	3	陳暠死，黎利即位為帝，史稱黎太祖。
1469	光順	10	命吳士連撰寫《大越史記全書》。
1470	洪德	1	黎聖宗頒佈《洪德律典》。
1527	統元	6	黎椿禪位莫登庸為帝，建立莫朝。
1558	正治	1	阮潢出鎮廣南。
1592	光興	15	阮鄭合力擊敗莫茂洽，奪回京師，史稱黎朝中興。
1640	陽和	6	羅德神父出任廣南傳教區會長。
1647	福泰	5	廣南開科取士。
1663	景治	1	禁天下學花郎道。
1671		9	鄭柞兵敗，與阮主簽訂休兵協定。
1679	永治	4	明朝遺臣楊彥迪等人前來投靠，遣往邊和一帶開墾。
1692	正和	13	勒魯瓦耶神父抵達東京。
1771	景興	32	西山阮三兄弟起義反抗廣南國。
1783		44	阮福映走避暹羅。

1784		45	百多祿與太子阮福景抵達法國巴黎，與法王路易十六見面。
1802	嘉隆	1	1801 年阮福映收復富春城，隔年稱帝，改元嘉隆。
1832	明命	13	陽山社教案。
1833		14	黎文褒起兵叛亂。
1854	嗣德	7	嗣德帝再次頒佈「申定爺蘇條禁」。
1859		12	法國軍艦入侵海州。
1862		15	越法簽訂《壬戌條約》或稱《西貢條約》。
1874		27	越法簽訂《第二次西貢條約》，承認法國佔領南圻。
1883		36	法軍佔領順安海口。
1885	咸宜	1	簽訂《中法新約》，清朝承認法國對於越南的保護權。
1888		4	成泰帝即位。
1907	成泰	19	「東京義塾」創立。
1916	維新	10	維新帝發動政變失敗，被流放到留尼汪島。
1919	啟定	4	廢除科舉制度。
1926	保大	1	啟定帝逝世，保大帝繼位。
1936		11	越南南北鐵路全線通車。
1941		16	胡志明組織「越南獨立同盟」。
1954			奠邊府戰役法國戰敗。
1968			北越發動春節攻勢。
1969			胡志明逝世。
1975			越共佔領西貢。
1976			越南統一，改國名為越南社會主義共和國。
1977			加入聯合國。
1978			越南出兵柬埔寨。
1979			與中國爆發越中戰爭。

1989	越南從東埔寨全面撤軍，中南半島進入和平時代。
1995	越南與美國建交；越南加入東南亞國家協會。
1998	加入亞太經濟合作會議。
2000	比爾·柯林頓 (Bill Colinton) 成為首位訪問越南的美國總統。
2007	加入世界貿易組織。

參考書目

史　料

沙門慧皎，《高僧傳》，臺北：廣文，1976。

宋濂等撰，《元史》，臺北：臺灣商務，1988。

沈括撰；胡道靜校注，《夢溪筆談》，香港：中華書局，1975。

范曄著；李賢等注，《後漢書》，北京：中華書局，1965。

張廷玉等撰，《明史》，臺北：臺灣商務，1988。

盛慶紱纂輯，《越南地輿圖說》，收入《叢書集成續編》，第245冊，新文津出版社，1989。

嵇含撰，《南方草木狀》北京：中華，1985。

撰者不詳，《東洋政治》，維新己酉年(1909)。

撰者不詳，《越史略》，上海：商務印書館，1936。

陳世法等撰；任明華校點，《嶺南摭怪》，上海：上海古籍出版社，2010。

陳仲恭序，《博物新編》，觀文堂版，維新己酉年(1909)。

陳荊和編校，《大越史記全書》，東京都：東京大學東洋文化研究所附屬東洋學文學センター刊行委員會，1917。

陳壽撰；裴松之注，《三國志》，臺北：宏業出版社，1972。

陳踐誠等纂修，《大南寔錄》，東京：慶應義塾大學語言文化研究所編印，友隣堂出版，1963。

黃高啟，《越史要》，維新甲寅年(1914)。

黃高啟，《越史鏡》，維新己酉年 (1909)。

歐陽修等撰，《新唐書》，臺北：臺灣商務，1988。

黎崱著；武尚清點校，《安南志略》，北京：中華書局，2000。

酈道元，《水經注》，臺北：藝文出版社，1959。

專　書

D · G · E · 霍爾著，中山大學東南亞歷史研究所譯，《東南亞史》，北京：商務印書館，1982。

王民同主編，《東南亞史綱》，昆明：雲南大學出版社，1994。

李文雄，《越南大觀》，堤岸：偉興印務局，1963。

呂士朋，《北屬時期的越南》，臺北：華世出版社，1977。

明崢，《越南史略》，北京：三聯書店，1985。

明崢著，范宏貴譯，《越南社會發展史研究》，北京：三聯書店，1963。

約翰 · F · 卡迪著，姚南等譯，《東南亞歷史發展》，上海：上海譯文出版社，1988。

陳重金著，《越南通史》，北京：商務印書館，1992。

郭振鐸、張笑梅主編，《越南通史》，北京：中國人民大學出版社，2001。

賀聖達著，《東南亞文化發展史》，昆明：雲南人民出版社，1996。

越南社會科學委員會編著，《越南歷史 · 第一集》，北京：北京人民出版社，1977。

喬治 · 馬司培羅著；馮承鈞譯，《占婆史》，臺北：臺灣商務，1973。

劉迪輝等著，《東南亞簡史》，南寧：廣西人民出版社，1989。

鄭永常，《漢文文學在安南的興替》，臺北：臺灣商務，1987。

鄭永常，《征戰與棄守：明代中越關係研究》，臺南：國立成功大學出版組出版，1998。

鄭永常，《血紅的桂冠：十六世紀越南基督教政策研究》，臺北：稻鄉出版社，2016。

論　文

耿慧玲，〈越南李朝的中官研究〉，《2004年漢學研究國際學術研討會論文集》，雲林：國立雲林科技大學，2005，頁348–352。

鄭永常，〈日南與交阯——五世紀前中國第一個國際貿易港市〉，高雄：國立中山大學人文社會科學研究中心出版。

鄭永常，〈越南阮朝嗣德帝的外交困境，1868–1880〉，《成大歷史學報》

鄭永常，〈越法〈王戌和約〉簽訂與修約談判，1860–1867〉，《成大歷史學報》，頁99–129。

鄭永常，〈論清乾隆安南之役：現實與道義之間〉，《成大歷史學報》，頁210–241。

鄭永常，〈朝貢關係本質：明中國與安占爭戰之處理政策〉，中華民國國際關係學會主辦「新面貌或是舊故事：地緣政治與地緣經濟重組下的國際格局」學術研討會於2015年10月24日於臺南成功大學社會科學大樓舉行。

鄭永常，〈橫山之爭：林邑疆域之變遷〉，新亞研究所與中文大學合辦「嚴耕望先生百齡紀念學術研討會」2016年10月14–15日。

鄭永常，〈嗣德帝最後的掙扎：1880–1883年中越秘密接觸〉，收入許文堂主編《越南、中國與臺灣關係的轉變》，臺北：中研院東南亞區域研究計畫，2001。

網路資料

百度百科《越南傳統音樂》

https://baike.baidu.com/item/%E8%B6%8A%E5%8D%97%E4%BC%A0

%E7%BB%9F%E9%9F%B3%E4%B9%90 2018/4/23 瀏覽

維基百科：越僑

https://zh.wikipedia.org/wiki/%E8%B6%8A%E5%83%91，2018/4/23 瀏覽

《越南宮庭音樂—雅樂》

https://seven7pie.wordpress.com/2006/04/26/%E8%B6%8A%E5%8D%97%E5%AE%AE%E5%BA%AD%E9%9F%B3%E6%A8%82–%E9%9B%85%E6%A8%82/2018/4/23 瀏覽

《越南流行樂壇破千萬點閱率 mv 排行榜 2016 年總回顧》

https://click-vietnam.com/2016/11/30/%E8%B6%8A%E5%8D%97%E6%B5%81%E8%A1%8C%E6%A8%82%E5%A3%87%E7%A0%B4%E5%8D%83%E8%90%AC%E9%BB%9E%E9%96%B1%E7%8E%87mv%E6%8E%92%E8%A1%8C%E6%A6%9C%E2%94%822016%E5%B9%B4%E7%B8%BD%E5%9B%9E%E9%A1%A7/2018/4/23 瀏覽

經濟部「全球臺商服務網」

http://twbusiness.nat.gov.tw/countryPage.do?id=351076353&country=VN，2017/10/30 瀏覽。

劉潤生《看世界》

http://news.ifeng.com/history/shixueyuan/detail_2011_04/30/6094429_0.shtml，2017/10/30 瀏覽。

圖片來源

作者提供：3。

公有領域：1、5、7、8、16、18、22、24、25、27、28、29、30、31、32。

Shutterstock：9、11、12、19、21。

本局繪製：2、4、6、10、13、14、15、17、20、23、26、33。

在字裡行間旅行，實現您周遊列國的夢想

國別史叢書

日本史——現代化的東方文明國家
韓國史——悲劇的循環與宿命
菲律賓史——東西文明交會的島國
印尼史——異中求同的海上神鷹
尼泊爾史——雪峰之側的古老王國
巴基斯坦史——清真之國的文化與歷史發展
阿富汗史——文明的碰撞和融合
阿富汗史——戰爭與貧困蹂躪的國家
以色列史——改變西亞局勢的國家
伊拉克史——兩河流域的榮與辱
約旦史——一脈相承的王國
敘利亞史——以阿和平的關鍵國
土耳其史——歐亞十字路口上的國家
埃及史——神祕與驚奇的古國
南非史——彩虹之國
法國史——自由與浪漫的激情演繹
德國史——中歐強權的起伏

捷克史——波希米亞的傳奇
匈牙利史——一個來自於亞洲的民族
羅馬尼亞史——在列強夾縫中求發展的國家
波蘭史——譜寫悲壯樂章的民族
南斯拉夫史——巴爾幹國家的合與分
瑞士史——民主與族群政治的典範
希臘史——歐洲文明的起源
義大利史——西方文化的智庫
西班牙史——首開殖民美洲的國家
丹麥史——航向新世紀的童話王國
低地國（荷比盧）史——新歐洲的核心
愛爾蘭史——詩人與歌者的國度
俄羅斯史——謎樣的國度
波羅的海三小國史——獨立與自由的交響詩
烏克蘭史——西方的梁山泊
美國史——移民之邦的夢想與現實
墨西哥史——仙人掌王國
阿根廷史——探戈的故鄉
巴西史——森巴王國
哥倫比亞史——黃金國傳說
巴拉圭史——南美心臟
秘魯史——太陽的子民
委內瑞拉史——美洲革命的搖籃
加勒比海諸國史——海盜與冒險者的天堂
澳大利亞史——古大陸·新國度
紐西蘭史——白雲仙境·世外桃源

在字裡行間旅行，實現您周遊列國的夢想

國別史叢書

日本史——現代化的東方文明國家
韓國史——悲劇的循環與宿命
菲律賓史——東西文明交會的島國
印尼史——異中求同的海上神鷹
尼泊爾史——雪峰之側的古老王國
巴基斯坦史——清真之國的文化與歷史發展
阿富汗史——文明的碰撞和融合
阿富汗史——戰爭與貧困蹂躪的國家
以色列史——改變西亞局勢的國家
伊拉克史——兩河流域的榮與辱
約旦史——一脈相承的王國
敘利亞史——以阿和平的關鍵國
土耳其史——歐亞十字路口上的國家
埃及史——神祕與驚奇的古國
南非史——彩虹之國
法國史——自由與浪漫的激情演繹
德國史——中歐強權的起伏

捷克史——波希米亞的傳奇
匈牙利史——一個來自於亞洲的民族
羅馬尼亞史——在列強夾縫中求發展的國家
波蘭史——譜寫悲壯樂章的民族
南斯拉夫史——巴爾幹國家的合與分
瑞士史——民主與族群政治的典範
希臘史——歐洲文明的起源
義大利史——西方文化的智庫
西班牙史——首開殖民美洲的國家
丹麥史——航向新世紀的童話王國
低地國（荷比盧）史——新歐洲的核心
愛爾蘭史——詩人與歌者的國度
俄羅斯史——謎樣的國度
波羅的海三小國史——獨立與自由的交響詩
烏克蘭史——西方的梁山泊
美國史——移民之邦的夢想與現實
墨西哥史——仙人掌王國
阿根廷史——探戈的故鄉
巴西史——森巴王國
哥倫比亞史——黃金國傳說
巴拉圭史——南美心臟
秘魯史——太陽的子民
委內瑞拉史——美洲革命的搖籃
加勒比海諸國史——海盜與冒險者的天堂
澳大利亞史——古大陸·新國度
紐西蘭史——白雲仙境·世外桃源

韓國史——悲劇的循環與宿命

位居東亞大陸與海洋的交接，注定了韓國命運的多舛，在中日兩國的股掌中輾轉，經歷戰亂的波及。然而國家的困窘，卻塑造了堅毅的民族性，愈挫愈勇，也為韓國打開另一扇新世紀之窗。

印尼史——異中求同的海上神鷹

印尼是一個多元、複雜的國家—不論在地理或人文上都是如此。印尼國徽中，神鷹腳下牢牢地抓住"Bhinneka Tunggal Ika"一句古爪哇用語，意為「形體雖異，本質卻一」，也就是「異中求同」的意思。它似乎是這個國家最佳的寫照：掙扎在求同與存異之間，以期鞏固這個民族國家。

國家圖書館出版品預行編目資料

越南史：堅毅不屈的半島之龍／鄭永常著.——初版一刷.——臺北市：三民，2020
面；　公分.——（國別史叢書）

ISBN 978-957-14-6739-9（平裝）
1. 越南史

738.31　　108017461

國別史
越南史——堅毅不屈的半島之龍

作　　者	鄭永常
責任編輯	陳振維
美術編輯	李唯綸
發 行 人	劉振強
出 版 者	三民書局股份有限公司
地　　址	臺北市復興北路 386 號 (復北門市) 臺北市重慶南路一段 61 號 (重南門市)
電　　話	(02)25006600
網　　址	三民網路書店 https://www.sanmin.com.tw
出版日期	初版一刷 2020 年 1 月
書籍編號	S730280
I S B N	978-957-14-6739-9

三民書局